AF263976

Créelo

La Oración

TU MEJOR TERAPIA

Por: Clapal

ÍNDICE

Tú Existes

"No importa que la ciencia hoy te niegue
Y el intelecto humano te desprecie
Tú existes no por dicho de la gente,
Existes porque eres Omnipotente."

"Tú Existes", letra y música:
MaryLuz Gonzalez–L., 1987, Longview, Texas ©

Dedicatoria

A **María Elvia Gaviria Cano**,
Mi madre, quien con su fe inquebrantable y oración
constante me enseñó que, aun en el silencio,
Dios responde a quienes miran al cielo con esperanza.

Agradecimientos

A Dios, mi fuente de inspiración, mi sanador y mi guía.

Por haberme sostenido en los momentos más difíciles y recordarme que su amor es la verdadera terapia del alma.

A mis amados hermanos **Mauricio A.** por el hermoso prólogo que ha escrito, y a **Luz Amparo**, por su valioso testimonio. Además, sus oraciones para que este otro gran reto en mi vida llegara a su final.

A mi sobrino **Richard Augusto**, mi constante inspiración, por abrir su corazón para escribir y compartir su experiencia con sinceridad y valentía, convirtiéndose en testimonio vivo del poder restaurador de Dios.

A mis queridas amigas **Luz Diomedis, María Antonia, y Ayda Luz Rios H.,** por traer esperanza a cada lector a través de sus experiencias de vida, recordándonos que la fe puede renacer incluso en medio del dolor.

A mis amigos, colegas y estudiantes, quienes con sus historias, preguntas y procesos me inspiraron a seguir profundizando en la unión entre la psicología y la espiritualidad.

A JDN Publications, en cabeza de mi querida amiga **Edna L. Isaac**, por ayudarme a lograr convertir este otro gran sueño, en realidad

Y a ti, querido lector:

que en cada página encuentres consuelo, fortaleza y el dulce recordatorio de que Dios sigue hablando a los corazones que oran y adoran.

"Hay quienes buscan un consejo, cuando lo que necesitan es una oración."

— Clapal

Introducción

"Es que no quiero ir a un psicólogo, no me siento cómodo al saber que tengo que contarle mi intimidad a un desconocido."

Estas fueron las palabras sinceras de un joven que buscaba ayuda, sabía que yo era cristiana, y él, apenas y comenzaba a dar pasos de fe. Lo miré con respeto, con comprensión... y las únicas palabras que salieron de mi boca fueron:

"No tienes que ir a un desconocido a contarle tu problema. Entra en la presencia de Dios y habla directamente con él, él no te juzgará, solo te escuchará pacientemente."

Esa conversación marcó un antes y un después, no solo para él, sino también para mí. Porque me recordó que la oración sigue siendo uno de los espacios más seguros y restauradores para el ser humano.

En mi caminar como cristiana y en mi formación académica he aprendido que la salud mental no está reñida con la espiritualidad, sino que ambas pueden ir de la mano, enriquecerse y sostenerse mutuamente.

Este libro nace desde esa convicción profunda: que la oración puede ser, y es, terapéutica. No en el sentido de reemplazar un proceso clínico necesario, sino en el de ser el primer espacio de contención, el lugar más íntimo y sagrado donde una persona puede comenzar a sanar.

Hoy, más que nunca, vivimos en una sociedad donde el dolor emocional se esconde tras sonrisas, detrás de agendas saturadas y frases como "estoy bien". Pero hay un anhelo que persiste en muchos corazones: encontrar alivio, consuelo, guía. Como Profesional en Desarrollo Familiar y Salud Mental, he escuchado las múltiples formas en que las personas expresan su necesidad de descanso emocional; y como creyente, he experimentado cómo ese descanso puede encontrarse en la presencia de Dios.

No hay mejor momento para mí que entrar a la presencia de Dios cuando me siento cansada, con muchísimas ganas de entrar a ese lugar donde nadie me recrimina, donde nadie me censura, y donde siempre encuentro un bálsamo restaurador.

> *"Venid a mí todos los que estéis trabajados y cargados, y yo os haré descansar." Mateo 11:28*

Esta obra no pretende negar la validez del acompañamiento terapéutico ni los avances de la ciencia psicológica. Todo lo contrario. Integra ambos mundos desde una visión Cristo céntrica, compasiva y profundamente humana. Mi deseo es que cada página sea un puente entre lo profesional y lo espiritual, entre la evidencia científica y la Palabra viva, entre el alma herida y el Dios que sana.

Te invito, desde este punto, a caminar conmigo. A abrir tu corazón a esta experiencia donde cada capítulo ha sido escrito con oración, con estudio, y con un profundo deseo de acompañarte. Si alguna vez te sentiste incomprendido, sobrecargado o solo... este libro es para ti.

Créelo. La oración no es tu último recurso.
Es tu refugio constante. Es tu mejor terapia.

Prólogo
Por Mauricio A. Alvarez

En un mundo que avanza a un ritmo vertiginoso, donde el estrés, la ansiedad y la soledad parecen haberse vuelto parte de la vida cotidiana, muchos buscan alivio en respuestas externas que prometen consuelo inmediato. Sin embargo, existe una práctica milenaria, silenciosa y profundamente transformadora, que ha acompañado al ser humano desde los albores de la historia: la oración.

Este libro nace del anhelo de redescubrir la oración no solo como un acto espiritual, sino también como una herramienta terapéutica, capaz de sanar emociones, calmar la mente y reconectar el alma. Lejos de los dogmas o de una religión específica, *Créelo* nos invita a contemplar la oración como un espacio íntimo de encuentro: un diálogo entre el alma y lo divino, donde el dolor se convierte en paz, la confusión en claridad y la desesperanza en fe.

A través de sus páginas, Claudia Patricia nos conduce con sensibilidad y sabiduría por ese territorio sagrado donde la psicología y la espiritualidad se abrazan. Desde su experiencia profesional y su caminar de fe, ella demuestra que orar no es una simple práctica devocional, sino una forma profunda de autoconocimiento, restauración y amor.

Este libro no pretende presentar la oración como una fórmula mágica que resuelva todos los problemas pues ni la vida ni la fe funcionan asi, sino más bien como una medicina invisible y poderosa, siempre disponible, gratuita, y al alcance de quien se atreva a abrir su corazón.

Te invito a leer con mente abierta y corazón dispuesto. Quizás descubras que, en el silencio de una oración, no siempre hallarás la respuesta que buscas... pero sí la paz que tanto necesitas.

-Mauricio A. Alvarez

Prólogo
"Cuando Levantar Los Ojos Al Cielo Se Volvió Mi Medicina"

Fue ver a mi madre levantar los ojos al cielo y decir: *"Señor, para mañana no tengo qué darles a mis hijos"*, y luego presenciar cómo, en cuestión de una hora, la bendición llegaba a casa. Fue también atravesar muchos vendavales en mi vida para aprender, con el alma herida, a darle verdadero valor a la oración y a la adoración.

Recuerdo haberme sentido derribada tras el accidente en mi columna... pero también recuerdo haber levantado mis ojos al cielo y encontrar ahí cada respuesta que necesitaba. Viví la turbulencia de un matrimonio que se derrumbó sin previo aviso, y aun en medio de ese proceso doloroso, vi la mano de Dios sostener mi vida. Caminé en medio de la oscuridad, sin ver salida... hasta que, una vez más, alcé mi mirada al cielo y vi la luz de un nuevo día.

Fui testigo del poder de Dios en medio de la estructura de mi vida que parecía haberse quebrado después de dos fuertes sacudidas que vivió mi esposo. Pero yo... yo me vi de pie, firme, como un junco que se dobla, pero no se rompe. He acompañado a mi sobrino en medio de una turbulencia constante, sin tregua, y Dios me ha dado palabras para recordarle: *"Esto también pasará"*.

He tenido que clamar por mis amigas del alma, mientras atravesaban tormentas feroces, levantando mis manos al cielo por ellas, suplicando al Señor que me convirtiera en un puente de bendición. Todo esto, cada herida, cada súplica, cada milagro silencioso, me llevó a encontrar el valor exacto de la oración y la adoración.

Levantar la mirada al cielo se ha convertido en mi refugio, en mi fuente de paz, en la medicina que calma, que sana y que sostiene. Cada día, la providencia de Dios se hace presente en mi vida... y por eso, hoy puedo decir con certeza:

Créelo: la oración y la adoración, tu mejor terapia.

* * *

"Hay quienes buscan un consejo,
cuando lo que necesitan es una oración."
— Clapal —

Palabras Del Autor

Cuando me vi encerrada en un mundo tan extraño, algo que yo no entendía me invadió. Fue una incertidumbre constante la que me empujaba a negar que solo tenía un refugio seguro. Pero fue entonces cuando sentí que desnude mi corazón, ahí mismo levanté mi voz, y le supliqué al Altísimo, POR FAVOR, DIOS, DEJAME MIRAR CON TUS OJOS LO QUE TIENES PARA Mí, y no tardó Él en darme su respuesta. Y hoy, muchas décadas después, sigo levantando mis ojos y veo la Gloria de Dios resplandecer.

Parte Uno
El Alma Necesita Terapia

El alma también carga con lo invisible, con dolores que nadie ve y emociones que se esconden detrás de sonrisas. La ansiedad, la tristeza y la soledad pueden acompañarnos sin avisar, y muchas veces creemos que debemos enfrentarlas solos. Pero no estamos solos: Dios conoce cada carga, cada lágrima contenida y cada temor oculto. Esta parte nos invita a mirar el corazón con honestidad, a aceptar que la sanación requiere valentía y a descubrir que, más allá de la ciencia, el espíritu también necesita cuidado y refugio.

El Peso Invisible Del Alma

***

*"El alma también sufre en silencio;
reconocerlo es el primer paso
hacia la sanación."*

Capítulo 1
El Peso Invisible Del Alma

La gente nos ve llorando, escucha nuestros gritos de angustia. El rostro también refleja el estado de ánimo que nos acompaña... pero ¿qué hay de aquello que nadie ve y que nos tira al piso?

Ansiedad, tristeza, soledad: los malestares de hoy y de siempre. Estos que nos roban el sueño, y aun las mismas ganas de continuar en la marcha.

En la sociedad de ayer y en la de hoy, las personas siguen enfrentando un conjunto de desafíos emocionales que muchas veces pasan desapercibidos para quienes las rodean. La ansiedad, la tristeza y la soledad se han vuelto comunes, y en muchos casos estas cargas afectan nuestra salud mental y física de maneras profundas. Aunque invisibles para otros, su impacto en quien las sufre es devastador.

La ansiedad no solo se manifiesta como una sensación de miedo o preocupación, sino que también puede afectar la capacidad para tomar decisiones, establecer relaciones sanas o mantener una vida funcional. La tristeza y la soledad, aunque frecuentemente ignoradas, son síntomas que muchas veces anuncian una depresión que necesita ser atendida. Sin cuidado, estos estados pueden debilitar la voluntad y reducir la calidad de vida.

Nadie desea pasar por tiempos turbulentos, pero estos llegan sin avisar. Aparecen como vientos huracanados que desordenan todo a su paso: relaciones, proyectos, sueños. Y en medio de ese caos quedan mujeres y hombres con corazones rotos, hogares enteros sumergidos en un vendaval de emociones que los desborda... y lo más cruel aún: los niños.

Ellos, que no tienen palabras para nombrar lo que sienten, terminan siendo los más perjudicados. Son testigos silenciosos del dolor de sus padres, del distanciamiento, de los gritos, de las ausencias... y muchas veces cargan con culpas que no les pertenecen. La inocencia se ve sacudida por tormentas emocionales que no comprenden, pero que sienten en lo profundo del alma. Absorben la angustia del ambiente, y la tristeza se les cuela entre los juegos, en sus dibujos, en sus silencios.

Por eso, cuando una familia atraviesa momentos difíciles, debemos recordar que ellos los más pequeños, los más vulnerables, necesitan aún más contención, más oración, más refugio. Porque si los adultos sentimos que el suelo tiembla bajo nuestros pies, ¿cuánto más lo sentirán ellos, que apenas están aprendiendo a caminar?

- Porque la salud emocional no solo necesita ciencia.
  También necesita espíritu.

La psicología moderna ha avanzado significativamente en el tratamiento de los trastornos emocionales y mentales, pero ¿qué sucede cuando las soluciones científicas no alcanzan por sí solas? En esos casos, integrar la dimensión espiritual puede aportar lo que falta para completar el proceso de sanación. La oración y la conexión con lo divino ofrecen un espacio sagrado de restauración que trasciende lo físico y lo mental. Es allí donde se toca el alma misma.

Hoy sabemos que existen enfoques terapéuticos que han demostrado su eficacia. Algunos ayudan a entender los pensamientos y cambiarlos por otros más sanos (como la Terapia Cognitivo-Conductual), otros enseñan a aceptar la vida con sus altos y bajos y a comprometerse con lo que tiene verdadero valor (como la Terapia de Aceptación y Compromiso). También existen prácticas que cultivan la atención plena y el aquí y el ahora como el mindfulness que tienden un puente natural entre la psicología y la espiritualidad. Y otros enfoques, como la Psicoterapia Interpersonal, ayudan a reconstruir las redes de apoyo y las relaciones, tan necesarias en los tiempos de dolor.

Todas estas terapias son como herramientas puestas en nuestras manos para sanar. Y cuando se combinan con la oración, no solo se fortalecen los pensamientos y emociones, sino que se alimenta el espíritu. La oración, en este contexto, no es un acto ritual vacío: es un espacio terapéutico que toca lo más profundo del ser.

Así como lo declara la Palabra:

> *"Echando toda vuestra ansiedad sobre él, porque él tiene cuidado de vosotros."* 1 Pedro 5:7

* * *

Desde El Alma… Con Claudia Patricia

Fue ese fin de semana, en el año 2000, cuando me derribé cerca de mi cama. Era un llanto que me desgarraba lo más profundo del ser. No eran solo lágrimas…**era mi alma hecha pedazos.**

Mi castillo, aquel lugar donde un día fui reina, se había derrumbado sin aviso.

Me dolía el cuerpo, sí… pero me dolía más el alma. Había perdido el norte. No entendía nada. Y lo más duro: **no podía orar, ni mucho menos adorar a mi Dios.** Me senté en el piso, con la cabeza recostada sobre la cama. Y así me quedé… sin palabras, sin fuerzas. Cuando desperté, habían pasado más de dos horas. Me dolía la cabeza, sí… pero **empezaba a dolerme de nuevo el corazón,** y en ese dolor, algo comenzó a cambiar. Ese fue el inicio de mi comprensión más real de lo que significa **el peso invisible del alma**. Y también, aunque entonces no lo sabía, el inicio del proceso más hermoso de mi vida:

Aprender a levantar los ojos al cielo… incluso cuando no tenía palabras.

Cuando Orar Es Lo Único Que Queda...

* * *

"La oración no borra el dolor,
pero nos da la fuerza para
atravesarlo con esperanza."

Capítulo 2
Cuando Orar Es Lo Único Que Que... Y Lo Mejor Que Hay

En momentos de crisis, cuando la vida parece derrumbarse, cuando la mente está abrumada y el corazón herido, la oración se presenta como un refugio. No se trata de una solución mágica, sino de una herramienta espiritual que nos conecta con lo divino, con un poder superior que no solo escucha nuestras palabras, sino que también entiende nuestro corazón.

En esos instantes de dolor profundo, la oración se vuelve bálsamo para millones de personas que encuentran consuelo y paz en la presencia de Dios. Casos de enfermedad terminal, pérdida de seres queridos, desesperación emocional, entre otros, son solo algunos ejemplos en los que la oración se convierte en el último recurso... pero también en el más poderoso.

Aquellos que, en medio del sufrimiento, se refugian en la oración, experimentan una calma que muchas veces no tiene explicación humana. Esta paz, aunque no elimine el dolor, tiene la capacidad de calmar el alma, suavizar el corazón y orientar el espíritu hacia un sentido más alto, incluso en medio del caos.

¿Cómo se manifiesta la oración en diferentes contextos de sufrimiento?

La oración no se limita a una forma única ni a un tipo de dolor específico. Cada persona, desde su historia y sus vivencias, la experimenta y expresa de manera diferente. Para algunos, orar es agradecer, incluso en medio de la pérdida. Para otros, es clamar con urgencia por ayuda o interceder por alguien que sufre. Lo que realmente importa no es la estructura o las palabras exactas, sino la autenticidad del corazón que ora, la fe que sostiene la súplica y la confianza en que Dios está ahí, siempre dispuesto a escuchar.

La oración ha sido, para muchos, un camino de sanación que trasciende lo físico y toca lo más profundo del ser: lo emocional y lo espiritual. Son incontables los testimonios de quienes aseguran que la oración se convirtió en ese puente silencioso, pero inquebrantable, entre el sufrimiento y la esperanza, entre el dolor y la paz.

* * *

Desde El Alma… Con Claudia Patricia

Algún día, ¿te has visto en una situación donde has llorado tanto, que te cuesta abrir los ojos de lo hinchados que están? ¿Dónde tu rostro refleja exactamente cómo está tu alma… desgarrada, rota? Yo sí. He pasado por momentos así de duros, así de devastadores.

¿Y saben qué? Siempre ha sucedido lo mismo: corro en busca de esa fuente inagotable. Me postro, me desahogo, y sin necesidad de decir una palabra, comienzo a sentir que ese **abrazo eterno** era justo lo que necesitaba.

Y ahí me doy cuenta de algo profundo: la oración era lo único que necesitaba para no declinar. Que es la fuerza invisible que me levanta, que me sostiene, y que me permite seguir creyendo.

Y entonces, como el ave fénix, me levanto del polvo, y le grito al mundo entero que: La **oración restaura, la oración reaviva, y que la oración fortalece.**

* * *

¿Y por qué la oración restaura?

Porque la oración no borra el dolor, pero lo redime. La restauración que trae la oración no siempre es visible al instante, pero es profunda, íntima, sostenida por el tiempo y el amor divino. La persona que ora se encuentra con un Dios que no solo escucha, sino que repara. Repara memorias, reconstruye esperanzas, sana las heridas que las palabras humanas no alcanzan.

Cuando el alma ha sido golpeada por la pérdida, el rechazo, la enfermedad o la culpa, la oración se convierte en ese espacio sagrado donde todo se puede volver a ordenar. Restaurar no es volver al punto de partida; es volver a la vida desde un lugar más consciente, más profundo y fuerte. Es como cuando un jarrón roto es pegado con oro: las grietas no desaparecen, pero ahora cuentan una historia de belleza y redención.

¿Y por qué la oración reaviva?

Hay momentos en que el espíritu se apaga. El dolor, el cansancio, la desilusión o la rutina nos roban el brillo interior. En esas horas grises, orar no es simplemente hablar con Dios: es **encender la chispa del alma**. La oración reaviva porque nos conecta con la vida misma. Es como el fuego que vuelve a arder cuando parecía extinguido. En medio del abatimiento, una palabra dirigida al cielo, un susurro desde el fondo del corazón puede reavivar la fe dormida, los sueños postergados, la esperanza olvidada.

La oración devuelve luz al interior, no porque cambie de inmediato las circunstancias, sino porque nos recuerda quién es Dios... y quiénes somos nosotros en Él.

¿Y por qué la oración fortalece?

Porque la fortaleza que nace de la oración no se parece a la autosuficiencia humana. Es una fuerza serena, estable, que se alimenta del silencio y de la confianza. Al orar, no solo pedimos ayuda: nos volvemos a alinear con la fuente misma del poder divino.

Esa fortaleza no siempre se nota por fuera, pero se manifiesta en nuestra capacidad de resistir, de amar a pesar del dolor, de seguir creyendo, aunque todo parezca perdido. Es la fuerza de quien ha llorado y se ha levantado. Es la fuerza de quien ha perdido... y aun así sigue amando.

Es la fuerza que no viene de uno mismo, sino de un Dios que, mientras oramos, nos susurra al oído:

"No temas, yo estoy contigo", Isaías 41:10.

La Psicología Moderna Y La Fe

Un Enfoque Integral En La Sanación

* * *

"La ciencia y la fe no se oponen:
Juntas pueden guiar al alma
hacia la plenitud."

Capítulo 3
La Psicología Moderna Y La Fe: Un Enfoque Integral En La Sanación

En este capítulo, exploraremos cómo las terapias psicológicas tradicionales pueden trabajar en conjunto con la espiritualidad para ofrecer un tratamiento más holístico y completo, teniendo en cuenta el bienestar emocional, mental y espiritual de la persona.

El puente entre la psicología y la fe

La psicología y la fe no deben verse como dos mundos separados. En lugar de ser opuestas, ambas pueden y deben complementarse. A medida que avanzamos en la comprensión de la mente humana, también debemos reconocer que la espiritualidad y las creencias de una persona tienen un impacto directo en su bienestar emocional. La fe ofrece consuelo, esperanza y sentido, cualidades que la psicología también busca fomentar.

Las intervenciones terapéuticas que toman en cuenta esta dimensión espiritual pueden ser más efectivas, ya que promueven un enfoque integral que no solo aborda los síntomas de la enfermedad mental, sino que también busca sanar el alma.

La fe como fundamento para la terapia

La fe proporciona una base sólida sobre la cual construir. La terapia psicológica puede ofrecer herramientas para enfrentar desafíos emocionales, pero la fe añade una dimensión trascendental que no se puede medir con técnicas científicas. Esta convicción de que hay un propósito y una fuerza superior guiando el proceso de sanación puede ser el catalizador que transforma la mente y el corazón, brindando una paz profunda que la psicología sola no puede proporcionar.

Los enfoques psicológicos modernos y su integración con la fe

Tal como se presentó en el **Capítulo 1**, la psicología moderna cuenta con diversos enfoques que, aplicados de manera ética y sensible, pueden enriquecer el trabajo terapéutico cuando se integran con la dimensión espiritual. A continuación, se destacan los principales:

1. **Terapia Cognitivo-Conductual (TCC):** centra su trabajo en identificar y modificar pensamientos y conductas disfuncionales. Al integrarse con la fe, ayuda a

reemplazar creencias limitantes por verdades que generan esperanza y resiliencia.

2. **Terapias de Tercera Generación (Mindfulness, ACT, DBT):** ponen énfasis en la aceptación, la atención plena y la regulación emocional. Al complementarlas con la espiritualidad, se fomenta la confianza en Dios y el vivir el presente con serenidad.

3. **Psicoterapia Psicodinámica:** explora las experiencias pasadas y el inconsciente. Unida a la fe, permite resignificar la historia personal bajo una mirada de redención y propósito.

4. **Terapia Humanista-Existencial:** resalta la autenticidad, el sentido de vida y la autorrealización. Vinculada con la fe, invita a descubrir el valor de la persona como creación única de Dios.

5. **Enfoques Sistémicos:** consideran al individuo dentro de sus relaciones familiares y sociales. Con la espiritualidad, se fortalece la visión de comunidad, reconciliación y amor en los vínculos.

Estos enfoques no excluyen la dimensión espiritual, sino que la enriquecen. Así, el proceso terapéutico no solo se enfoca en disminuir el sufrimiento, sino también en promover esperanza, crecimiento y restauración integral.

En consecuencia, El camino hacia la sanación emocional no tiene por qué ser un recorrido exclusivamente científico, sino que puede incluir también la espiritualidad como un factor esencial para el bienestar. La integración de la fe con la psicoterapia ofrece un enfoque integral que permite a las personas sanar de adentro hacia afuera, atendiendo tanto su mente como su espíritu. La psicología moderna y la fe no están reñidas; al contrario, van de la mano, apoyándose mutuamente en un proceso de sanación profunda y duradera.

*   *   *

Desde El Alma… Con Claudia Patricia

Para mí, la fe no era solo un factor en el proceso de sanación… ¡era lo único en lo que podía apoyarme! Aquí no puedo dejar de mencionar el gran impacto que tuvo mi madre en mi vida, con sus palabras siempre firmes y llenas de convicción: "Mija, Dios tiene el control de todo. Es Él quien te va a levantar." Y fue justamente en 1997, cuando escuché al neurocirujano decirme:

"Claudia Patricia, el nervio de tu columna se dañó, y no tenemos nada que ofrecerte. Tu problema es progresivo, y con el tiempo, una silla de ruedas espera por ti. Por eso debes cuidarte."

En ese momento, puse mi fe en marcha. Y con firmeza respondí dentro de mí:

"¿Una silla de ruedas espera por mí, por Claudia? ¡Eso nunca! ¡Lo declaro en el nombre del Padre, del Hijo y del Espíritu Santo!"

Y para la gloria de Dios, hoy, en el 2025… ¡aún sigo estando de pie! ¡Amén!

Parte Dos

La Oración Como Refugio Y Medicina

"La oración es más que palabras: es un diálogo profundo con lo divino que transforma lo que sentimos, pensamos y somos. Es refugio cuando la vida nos golpea, medicina cuando el alma está herida y un abrazo silencioso que nos recuerda que nunca estamos solos. En esta parte exploraremos cómo la oración puede sostenernos, restaurarnos y dar sentido a los momentos más difíciles, conectando nuestra mente, nuestras emociones y nuestro espíritu con la fuerza y la presencia de Dios."

¿Qué Es Y Qué No Es La Oración...?

* * *

*"Orar no es solo pedir;
es abrir el corazón y permitir que
Dios nos transforme desde adentro."*

Capítulo 4
¿Qué Es Y Qué No Es La Oración...?

La oración es uno de los actos más íntimos y poderosos que el ser humano puede experimentar. En ella, el alma se conecta con lo divino, y en esa conexión se halla la sanación que muchos buscan. Pero, para comprender su poder, es esencial primero entender qué es, y qué no es, la oración.

¿Qué es la oración?

La oración es un espacio para que el corazón, el alma y la mente encuentren paz, dirección y sanación. No se trata solo de "hablar", sino de "escuchar", de entregarnos a lo que el Señor desea enseñarnos. A veces, la oración es más sobre el silencio que sobre las palabras.

La oración es, ante todo, un acto de relación con lo divino. Cuando oramos, nos abrimos a la presencia de Dios, sin máscaras ni pretensiones, y es ahí donde reside su verdadero poder transformador.

¿Qué no es la oración?

La oración no debe ser vista únicamente como una herramienta para solicitar lo que deseamos. Si bien pedir es una parte importante de la oración, esta también incluye agradecimiento, alabanza, adoración y entrega.

La oración no debe ser entendida como un acto para impresionar o cumplir un rito sin sentido. No oramos para hacer una demostración de nuestra piedad, ni para imponer nuestra voluntad sobre la voluntad de Dios. La oración no es una mera repetición de palabras vacías; no se trata de una fórmula mágica que hace que nuestras solicitudes se cumplan sin cuestionamiento.

Orar no es un acto de desesperación sin esperanza, sino una oportunidad para confiar plenamente en que lo que necesitamos será dado en el tiempo perfecto de Dios. A veces, la respuesta no será inmediata o en la forma que esperamos, pero la oración nos permite aceptar con fe los tiempos divinos y la paz que viene con esa aceptación.

La oración como terapia del alma

En mi caminar personal y profesional, he comprendido que la oración es mucho más que un acto espiritual: **es también un acto profundamente terapéutico**. En ella encontramos muchas de las condiciones que también se dan en un proceso como este: silencio interior, autoconocimiento, expresión emocional, validación y consuelo.

Al orar, muchas veces verbalizamos lo que nos duele, lo que tememos, lo que anhelamos. Eso mismo ocurre en una sesión de terapia. Pero hay una diferencia: en la oración no solo hablamos con nosotros mismos, sino con un Dios que escucha, abraza y transforma.

La oración sana porque toca lo profundo. Porque no solo trata los síntomas, sino que nos ayuda a comprender el origen de muchas de nuestras heridas. Nos permite dejar cargas que no podemos ni debemos cargar solos, y nos recuerda que no estamos solos en la lucha por sanar.

En este sentido, la oración es una terapia del cielo, donde el terapeuta divino es también nuestro Padre, sanador y refugio.

Los tipos de oración

Existen diversos tipos de oración, cada uno con un propósito distinto, pero todos conducen a un mayor conocimiento y cercanía con Dios. Algunos de los tipos más significativos son:

•**Oración de agradecimiento**: En este tipo de oración, nos dirigimos a Dios con gratitud por todo lo que ha hecho por nosotros. Agradecemos tanto las bendiciones visibles como las invisibles, y reconocemos su inmenso amor en nuestras vidas.

- **Oración de entrega**: Aquí, nos rendimos ante Dios, entregando nuestras preocupaciones, miedos y deseos. Este tipo de oración refleja nuestra confianza en que Dios tiene control sobre nuestras vidas.
- **Oración de intercesión**: Oramos no solo por nosotros mismos, sino por los demás. En esta oración, nos convertimos en intercesores por aquellos que necesitan de la intervención divina.
- **Oración de silencio**: La oración no siempre implica palabras. En el silencio, podemos experimentar la

presencia de Dios de una manera profunda y transformadora. A veces, el silencio es la respuesta a las preguntas más profundas de nuestro ser. En algún momento escribí: "En la soledad calle, en la soledad lloré, pero en la soledad, también me encontré"

- **Oración de contemplación**: Este tipo de oración es un acto de reflexión profunda, donde buscamos estar en presencia de Dios, escuchando Su voz y meditando sobre Su palabra y Su voluntad.

Sí, *Créelo*, la oración es un refugio que ofrece consuelo en los momentos de angustia, pero también es una medicina que sana las heridas del alma. No es solo pedir, sino también alabar, agradecer, escuchar y descansar en la presencia de Dios. Cuando entendemos la oración en su totalidad, como un acto integral de comunión con lo divino, podemos experimentar su poder de sanación más plenamente, y más aún, cuando los unos oramos por los otros, por ejemplo, así:

Cuando los padres oran:

La oración de un padre o una madre tiene un eco especial en el cielo. Es esa intercesión cargada de amor, a veces de angustia, pero siempre con fe. Un padre que ora abre caminos de bendición para su casa. Una madre que clama deja una huella espiritual sobre sus hijos, aunque no estén cerca físicamente. La oración de los padres es un legado invisible que protege, guía y transforma generaciones.

"Clama a mí, y yo te responderé, y te enseñaré cosas grandes y ocultas que tú no conoces." Jeremías 33:3

Cuando los hermanos oran:

Cuando los hermanos se toman de la mano en oración, sucede algo sobrenatural. Las diferencias se disuelven, los corazones se reconcilian y se levanta una fuerza que no es de este mundo. La oración entre hermanos fortalece el amor y crea lazos eternos que superan cualquier conflicto.

> *"¡Mirad cuán bueno y delicioso es habitar los hermanos juntos en armonía!" Salmo 133:1*

Cuando la familia ora:

La familia que ora junta establece un altar en casa. En la oración familiar se cultiva la unidad, se vencen las tormentas y se mantiene viva la fe entre generaciones. Allí donde se ora en familia, hay consuelo, dirección y presencia divina. Una familia que ora pone sus planes en las manos de Dios.

> *"Y si mal os parece servir a Jehová, escogeos hoy a quién sirváis... pero yo y mi casa serviremos a Jehová." Josué 24:15*

Cuando los esposos oran:

Cuando los esposos se toman de las manos para orar, no solo se unen sus voces, sino también sus corazones. Esa oración compartida se convierte en un refugio donde el amor madura, se limpia el corazón, y se fortalece el pacto. Orar juntos es edificar sobre roca firme. La pareja que ora se alinea con el propósito de Dios para su hogar y su futuro.

"Y si uno prevalece contra él, dos le resistirán; y cordón de
tres dobleces no se rompe pronto." Eclesiastés 4:12

Cuando las esposas oran:

Una esposa que ora se convierte en columna espiritual de su hogar. Su oración intercede por su esposo, por sus hijos, por la estabilidad emocional y espiritual de la familia. Es una oración que no siempre es hablada, a veces es solo un susurro entre lágrimas o un clamor silencioso mientras realiza sus tareas. Pero esa oración llega al cielo como un incienso puro que Dios no desprecia.

"La mujer sabia edifica su casa; más la necia con sus manos
la derriba." Proverbios 14:1

Cuando los amigos oran:

Un amigo que ora contigo, es más que compañía: es un instrumento de Dios. La oración entre amigos sostiene en los días difíciles y celebra en los días de gozo. La amistad que ora se transforma en hermandad espiritual. Donde hay oración sincera entre amigos, hay pacto de fidelidad y consuelo divino.

"En todo tiempo ama el amigo, Y es como un hermano en
tiempo de angustia." Proverbios 17:17

Desde El Alma... Con Claudia Patricia

"Hija, nada te va a derribar, es Dios quien va delante de ti". Eran las palabras constantes de mi mamá, las que hoy todavía resuenan en mi mente y en mi corazón. Pero tengo que reconocer que, por muchos instantes, no les encontraba sentido a sus palabras. Hubo un momento en el que, con tono de queja, en medio del llanto y el dolor, le respondí: "Ay, mamá... todo lo quieres arreglar con una oración". Y fue más fuerte aún lo que ella me respondió: "Es lo único que puedo hacer por ti, mija... orar sin cesar".

Ella se fue a la presencia del Señor Jesucristo, pero me dejó una lección invaluable: **buscar a Dios por medio de la oración... siempre.** Y fue en la oración donde entendí que el amor de una madre trasciende la vida, y que su fe se convirtió en mi refugio más firme.

La Ciencia También Cree

Estudios Que Confirman El Poder De Orar

* * *

*"La oración no solo toca el espíritu;
también fortalece la mente y el cuerpo."*

Capítulo 5
La Ciencia También Cree: Estudios Que Confirman El Poder De La Oración

A lo largo de los siglos, la oración ha sido un pilar fundamental en las tradiciones religiosas y espirituales. Su poder ha sido reconocido por innumerables personas, pero en tiempos recientes, la ciencia también ha comenzado a explorar los beneficios de la oración para la salud emocional, mental y física. Lo que muchos consideran un acto de fe, hoy está siendo respaldado por la investigación científica.

La oración y el bienestar emocional

Numerosos estudios han demostrado que la oración puede tener efectos positivos en el bienestar emocional. Orar puede disminuir los niveles de ansiedad, estrés y depresión, ayudando a las personas a enfrentar las dificultades con mayor resiliencia. La práctica de la oración tiene un efecto calmante en la mente, promoviendo un estado de paz interior que permite a quienes oran, liberar las tensiones emocionales acumuladas.

El neurocientífico Andrew Newberg, en su estudio sobre los efectos de la meditación y la oración en el cerebro, sostiene que la práctica espiritual activa áreas del cerebro asociadas con el bienestar, la empatía y la regulación emocional. Según sus investigaciones, la oración puede inducir un estado de calma profunda, similar al que se experimenta en la meditación, favoreciendo la reducción de los niveles de cortisol, la hormona del estrés.

La oración y la salud física

Más allá de los beneficios emocionales, la ciencia también ha encontrado que la oración puede impactar positivamente la salud física. Un estudio realizado por el Dr. Harold Koenig, médico y experto en salud espiritual, concluyó que las personas que oran regularmente tienen una mejor salud general, menor riesgo de enfermedades cardiovasculares y una mayor esperanza de vida.

La oración puede fomentar una mayor conexión con el cuerpo y con uno mismo. Aquellos que practican la oración habitualmente muestran un mayor autocuidado y son más propensos a tomar decisiones saludables en su vida diaria. Además, se ha encontrado que la oración disminuye la percepción del dolor y mejora la recuperación en pacientes que enfrentan enfermedades graves.

La oración como forma de resiliencia

El acto de orar no solo se asocia con la resolución de problemas inmediatos, sino también con el desarrollo de una mayor resiliencia. La resiliencia es la capacidad de afrontar y superar las adversidades, y la oración juega un papel importante en este proceso. Orar permite que las personas encuentren un sentido más profundo en sus dificultades, y las ayuda a mantener una actitud de esperanza, incluso cuando las circunstancias parecen abrumadoras.

La psicóloga y autora, Kelly McGonigal, en su libro *El poder del estrés*, destaca cómo el sentido de propósito y conexión con algo más grande que uno mismo puede ayudar a las personas a manejar el estrés de manera más efectiva. La oración proporciona ese sentido de conexión con lo divino, ofreciendo un espacio de contención y de descanso emocional.

Oración y neurociencia

Estudios recientes han sugerido que la oración puede tener un impacto directo en el cerebro, de manera similar a otras prácticas como la meditación. La oración activa regiones cerebrales relacionadas con el control emocional y la regulación del estrés, lo que puede llevar a una sensación de bienestar general. Investigaciones en neurociencia espiritual, como las realizadas por el Dr. Richard Davidson de la Universidad de Wisconsin, indican que las prácticas contemplativas, como la oración, alteran la estructura cerebral de maneras que favorecen la tranquilidad y la empatía.

Los estudios de la terapia espiritual: integración entre fe y psicoterapia

La terapia espiritual es una rama emergente dentro de la psicología que reconoce la importancia de integrar la dimensión espiritual en el proceso terapéutico. A diferencia de enfoques tradicionales que pueden separar lo psicológico de lo espiritual, la terapia espiritual considera que el bienestar integral del ser humano incluye cuerpo, mente y espíritu.

Diversos estudios recientes han evidenciado que incluir prácticas como la oración, la meditación contemplativa y la conexión con creencias religiosas, en la terapia puede potenciar los resultados clínicos. Esto se debe a que la espiritualidad aporta un sentido profundo de significado, propósito y esperanza, elementos que son fundamentales para la recuperación emocional.

Por ejemplo, una revisión sistemática realizada por Pargament, Smith, Koenig y Perez (2013) concluyó que la integración de prácticas espirituales en el tratamiento psicológico favorece la reducción de síntomas depresivos y ansiosos, mejora la adherencia terapéutica y promueve una mayor resiliencia frente al estrés[1].

Además, la terapia espiritual fomenta la aceptación y el perdón, procesos claves para la sanación emocional que se vinculan profundamente con prácticas espirituales. Incorporar la fe en el tratamiento no solo ofrece consuelo, sino que también facilita la transformación interior y el crecimiento personal.

Es importante destacar que esta integración se realiza respetando siempre las creencias individuales del paciente, sin imponer ninguna doctrina, sino acompañando con sensibilidad y profesionalismo. La terapia espiritual busca que la persona encuentre su propia conexión con lo trascendente, como una fuente de fuerza y renovación.

En suma, los estudios sobre terapia espiritual demuestran que la unión entre psicología y fe no es solo posible, sino altamente beneficiosa para quienes buscan sanar sus heridas emocionales y espirituales en conjunto.

En Conclusión, La ciencia está comenzando a respaldar lo que muchas personas de fe ya sabían: la oración tiene poder. Este poder no solo es espiritual, sino también emocional y físico. Los estudios científicos que exploran el impacto de la oración en la salud mental, emocional y física brindan evidencia sólida de que este acto de fe puede ser una herramienta poderosa para el bienestar general de una persona.

La oración, lejos de ser una práctica anticuada o supersticiosa, se está posicionando como un aliado esencial en el camino hacia la salud integral del ser humano. La fe y la ciencia, lejos de ser opuestas, pueden caminar juntas, revelando cada una de ellas el impacto que tiene la oración en el corazón, la mente y el cuerpo.

* * *

Desde El Alma... Con Claudia Patricia

Era la primera de muchas cirugías en mi columna... año 1994. Mientras me llevaban al quirófano, recitaba en mi mente una promesa que desde entonces nunca me ha soltado:

"Jehová es mi pastor; nada me faltará. En lugares de delicados pastos me hará descansar..." Salmo 23.

Y justo en ese instante, una de las enfermeras que me acompañaba susurró: "Amén... así mismo es, Claudia". Aquella fue solo la primera. A la vera del camino vinieron más cirugías, más diagnósticos, más angustias... pero también más convicción. Creí, y sigo creyendo en el poder de Dios para obrar en medio de la ciencia, en el quirófano, en el equipo médico. Nunca dejé que el temor derribara mi fe, porque aún débil, decidí permanecer de pie, alabando y glorificando Su nombre.

Hoy sigo repitiendo ese versículo como un escudo. Y cada vez que lo declaro en mi mente, se fortalece la certeza de que **yo no entro sola a un quirófano**. Dios va delante, y los que participan en el procedimiento, lo hacen guiados por Su mano. **Amén.**

Cómo Orar Cuando Estás Roto Y Sin Palabras

* * *

"Dios escucha incluso
los gritos silenciosos del alma."

Capítulo 6
Cómo Orar Cuando Estás Roto Y Sin Palabras

Hay momentos en los que el alma se siente tan herida, tan desgastada, que ni siquiera sabemos qué decirle a Dios. La tristeza pesa como una roca en el pecho, y el silencio parece ser lo único que queda. Pero incluso en esos silencios, Dios escucha. A veces, las oraciones más sinceras no tienen palabras; solo lágrimas, suspiros o un corazón quebrantado que se vuelve hacia el cielo.

Orar desde la fragilidad

Cuando estamos rotos, la oración no necesita estructura ni forma. No hace falta saber cómo empezar ni qué decir. Dios no espera discursos elaborados, espera honestidad. Orar en medio del dolor es abrirle la puerta a Aquel que ya conoce lo que hay en lo más profundo del corazón. Como dice Romanos 8:26: *"Pues no sabemos qué nos conviene pedir, pero el Espíritu mismo intercede por nosotros con gemidos indecibles"*.

No se trata de tener una muy grande fe, sino de tener fe suficiente para levantar la mirada. A veces esa oración es apenas un susurro, un "ayúdame", un "no puedo más". Y eso es suficiente. Porque orar no es demostrar fuerza, es reconocer nuestra necesidad.

Oraciones espontáneas y sinceras

Las oraciones que surgen del dolor suelen ser las más auténticas. No tienen filtros ni pretensiones. Son el reflejo de un alma que clama, de una herida que no se esconde. Dios no se aleja de quienes oran con lágrimas; al contrario, la Palabra dice:

> *"Cercano está el Señor a los quebrantados de corazón, y salva a los contritos de espíritu", Salmos 34:18.*

Una oración espontánea puede ser dicha entre suspiros, mientras lavamos los platos, al cerrar los ojos en el autobús o en medio de una noche sin sueño. La belleza de la oración es que no necesita escenario ni protocolo. Solo necesita un corazón dispuesto a acercarse a Dios, aun cuando ese corazón esté roto.

El lenguaje del alma

Hay oraciones que no se pronuncian, pero que se sienten. El alma tiene su propio lenguaje. A veces ese lenguaje son lágrimas, otras veces es un silencio que grita más fuerte que mil palabras. Dios entiende ese lenguaje. Él no necesita traducción para nuestras emociones más profundas.

Cuando las palabras no salen, se ora con la respiración, con una canción que calma el alma, con una mirada al cielo, con un versículo repetido como ancla. Incluso con el cuerpo encorvado por el cansancio o con el silencio de quien ya no sabe qué más decir, pero sigue creyendo.

La presencia que consuela

Orar cuando uno está roto no busca respuestas inmediatas, sino consuelo. Es la forma en que el alma encuentra descanso al sentirse acompañada. A veces lo que más necesitamos no es que Dios cambie nuestras circunstancias, sino que simplemente esté con nosotros en medio de ellas. Y lo está. Porque el Dios que sana también es el Dios que abraza.

Orar en medio de la rotura es permitir que su amor nos envuelva. No para tapar las heridas, sino para sanarlas desde adentro. Como cuando un niño corre a los brazos de su madre sin necesidad de explicar lo que siente. Solo quiere estar cerca. Así también nosotros, en medio del dolor, encontramos alivio en Su cercanía.

Ejercicios prácticos para orar sin palabras

- **Respira con intención**: Inhala diciendo internamente "Tú estás conmigo", exhala diciendo "No estoy sola/o".
- **Escribe una carta a Dios**: Aunque no sepas cómo empezar, déjate llevar. Él leerá cada palabra escrita con sinceridad.
- **Escucha música instrumental o de adoración suave**: Deja que las melodías oren por ti cuando no puedas hacerlo.
- **Lee un salmo lentamente**: Repite en voz baja alguna frase que toque tu corazón, como un susurro del alma.
- **Permanece en silencio**: A veces, solo sentarte en su presencia en silencio es la oración más profunda que puedes ofrecer.

Solo recuerda, la oración no siempre es fuerte, ni siempre está llena de palabras. A veces, es solo el acto de quedarnos quietos ante Dios y permitirle que sea nuestro refugio. En esos momentos de rotura, cuando sentimos que todo se desmorona, Él sigue siendo nuestra roca.

Recuerda, cuando estamos rotos y sin palabras, no estamos solos. Dios está ahí, leyendo cada lágrima, interpretando cada silencio, abrazando cada pedacito de ti. Orar así, desde la herida, es orar de verdad.

✳ ✳ ✳

Desde El Alma... Con Claudia Patricia

No sabía cómo había llegado ahí...Solo sabía que algo en mi mundo había cambiado, sin pedirme permiso. Me vi de pronto en un escenario sin guión, con emociones nuevas, con un silencio pesado que no sabía interpretar. Intenté resistir, negar, incluso justificarme. Pero la verdad era más simple: estaba quebrada. Y justo en ese momento, como quien ya no puede esconder más el alma, elevé una súplica que salió más del corazón que de los labios: **"Por favor, Dios... déjame mirar con tus ojos lo que tienes para mí."**

Y fue entonces cuando sentí que algo se alineaba. No desapareció el dolor, pero apareció Su presencia. No cambió el entorno, pero sí la mirada. Y entendí... que cuando miro con los ojos de Dios, incluso el sufrimiento tiene un propósito, y hasta lo desconocido puede ser un lugar sagrado.

Parte Tres

La Adoración Que Sana

"Adorar es abrir el corazón más allá de lo que sentimos, es dejar que la música, la gratitud y el silencio eleven nuestro espíritu y nos lleven a un espacio de sanación. La adoración transforma nuestras emociones, calma la ansiedad y nos recuerda quiénes somos en nuestra esencia más profunda. En esta parte descubriremos cómo adorar puede devolvernos la paz, sanar las heridas invisibles y ayudarnos a vivir desde un corazón agradecido y conectado con lo divino."

La Música Que Transforma Corazones

***

"La adoración a través de la música
toca el alma y abre caminos
invisibles hacia la sanación."

Capítulo 7
La Música Que Transforma Corazones

La música ha sido parte de la vida espiritual desde tiempos antiguos. Es un canal invisible que conecta el alma con lo eterno, un susurro divino que toca rincones que ni siquiera sabíamos que necesitaban ser tocados.

En lo personal, no concibo mi vida sin la música. Vivo rodeada de melodías que me acompañan, que me levantan cuando estoy cansada, que me centran cuando estoy dispersa y que me sanan cuando algo dentro de mí se rompe. Creo rotundamente en el efecto relajante, positivo y terapéutico de la musicoterapia. Ha sido parte de mi refugio emocional y espiritual, y la considero una herramienta clave en la sanación integral.

¿Cómo puede la música sanar el alma?

La adoración en forma de música no solo es un acto espiritual, también es un acto terapéutico. En cada nota cantada con fe, hay un espacio para que el alma respire. En cada letra que proclama vida y esperanza, hay una medicina que calma ansiedades y apaga el ruido mental.

La Biblia misma nos da ejemplo: el rey Saúl, atormentado por un espíritu maligno, encontraba alivio cuando David tocaba el arpa (1 Samuel 16:23). ¿No es acaso esto una forma temprana de musicoterapia espiritual?

La música de adoración tiene esa capacidad. No se trata solo de sonidos; se trata de atmósferas. Una canción puede cambiar la atmósfera de una habitación, pero también puede transformar la atmósfera interior de nuestro corazón.

¿Por qué cantar también es orar?

Cantar es otra forma de orar. Cuando las palabras no alcanzan, una canción puede decirlo todo. A través del canto, expresamos lo que sentimos, lo que creemos, lo que anhelamos. La alabanza nos invita a salir de nosotros mismos para fijar los ojos en Aquel que puede cambiarlo todo. Y no se trata de tener una voz perfecta, sino un corazón sincero. Dios no busca voces afinadas, busca adoradores en espíritu y en verdad (Juan 4:23). Puedes estar sola en tu habitación, con lágrimas corriendo por tu rostro, y cantar con un susurro apenas audible. Eso también es adoración. Eso también es sanación.

¿Qué dice la ciencia sobre la musicoterapia?

Desde la psicología y la neurociencia, está demostrado que la música tiene efectos directos en el sistema nervioso, en la memoria emocional, en la regulación del estrés y en la liberación de endorfinas. En terapia, se ha utilizado para tratar la ansiedad, la depresión, los traumas y muchas otras dolencias psíquicas.

Cuando combinamos este conocimiento con la dimensión espiritual de la adoración, se genera un efecto aún más profundo. No solo se trata de cómo la música afecta al cerebro, sino de cómo la adoración en música toca el espíritu. En ese espacio íntimo, ocurre una comunión que trasciende lo racional y permite que Dios trabaje desde lo profundo.

¿Cómo crear un ambiente de adoración en la vida diaria?

Una de las mejores formas de cuidar el alma es crear ambientes de adoración. En casa, en el auto, durante el trabajo... permitir que la música de adoración nos rodee es una manera de mantenernos conectadas con la presencia de Dios.

Algunas personas encuentran en la alabanza su devocional diario, otras la usan como puente para meditar o simplemente como compañía.

Crea tu propia "banda sonora espiritual": canciones que te levanten cuando te sientas débil, otras que te lleven a reflexionar, y otras que simplemente te hagan sentir abrazada por Dios. No subestimes el poder de una melodía llena de fe.

¿Te atreves a cantar desde el corazón?

Este capítulo es una invitación para que redescubras el valor de adorar a Dios. No necesitas saber teoría musical ni tener oído perfecto. Solo necesitas tener un corazón que desee expresarse, que busque consuelo y que quiera acercarse a Dios.

Él recibe cada nota como una ofrenda,
Como un acto de amor.

En conclusión, la música de adoración transforma corazones porque nos recuerda quién es Dios y quiénes somos nosotros en Él. Nos da lenguaje cuando faltan las palabras y esperanza cuando parece que todo está perdido.

Canta, aunque sea con voz quebrada. Canta, aunque estés rota. Porque en esa adoración, hay sanación. Y en esa sanación, hay una nueva canción que está por nacer dentro de ti.

Desde El Alma... Con Claudia Patricia

Oh, cómo me deleito en el Salmo 63, cuando leo: "De madrugada te buscaré", y me imagino al rey David allí, en medio de su angustia, buscando al que había de responder.

Es entonces cuando me refugio en aquellos bellos recuerdos de mi ministerio como líder de Jóvenes, y allí, en el devocional de las 5:00 a.m., lo decíamos y lo cantábamos:

***"Aquí estamos como el rey David, oh, Dios,
buscándote de madrugada."***

Ah, y recuerdo entonces cómo todos los allí presentes sentíamos ese bálsamo en nuestras vidas. Fue allí donde entendí el verdadero propósito del rey David: ese era su secreto, buscarlo en la madrugada...

Querido Lector...Ve y compruébalo. Arrodíllate a solas, en la madrugada. Hazlo con tu corazón dispuesto... En medio del silencio, solo cierra tus ojos, porque del resto, será Dios quien se encargará. ¡Amén!

Cuando La Adoración Te Devuelve La Paz

***

"Adorar es entregarse y recibir, encontrando
paz incluso en medio de la tormenta."

Capítulo 8
Cuando La Adoración Te Devuelve La Paz

Hay momentos en la vida en los que el alma se ve envuelta en tormentas internas. Ansiedad, angustia, tristeza, cansancio emocional... todo se acumula como nubes pesadas que no dejan ver con claridad. Es ahí donde la adoración aparece como una respuesta que no siempre tiene lógica, pero sí poder. Porque adorar en medio de la tormenta no es negar lo que sentimos, es reconocer quién está por encima de todo.

Adorar en medio del caos

Adorar no es un acto reservado para los días felices. Muy por el contrario, la adoración cobra un valor profundo cuando decidimos rendir nuestras cargas justo cuando más pesan. Es un acto de entrega, de humildad, y de confianza radical. Es como decirle a Dios: "Aunque no entiendo, aunque me duele, aquí estoy... y te adoro".

En esos momentos, la adoración no cambia necesariamente nuestras circunstancias de inmediato, pero cambia algo dentro de nosotros. Y eso es suficiente. Porque cuando el alma se alinea con la presencia de Dios, incluso en medio del dolor, una paz sobrenatural comienza a brotar.

El modelo bíblico: paz en la presencia de Dios

Recordemos a Pablo y Silas en prisión (Hechos 16:25-26). Golpeados, encadenados, encerrados... y aun así, oraban y cantaban himnos a Dios. No esperaron a ser liberados para adorar. Adoraron en medio de la oscuridad, y fue precisamente ahí donde ocurrió el milagro. Las puertas se abrieron y las cadenas cayeron. Pero el verdadero milagro no fue externo, fue interno: ellos estaban en paz, aún antes de que el terremoto llegara.

Este tipo de paz no es emocional ni circunstancial, es espiritual. Es la paz de Filipenses 4:7, esa que "sobrepasa todo entendimiento y guarda nuestros corazones y pensamientos en Cristo Jesús".

La paz como fruto de una adoración genuina

La adoración genuina no busca solo consuelo, busca conexión. Y en esa conexión, hay descanso. En un mundo que vive acelerado, competitivo y ansioso, la adoración es un acto contracultural. Es detenerse. Es respirar. Es recordar que hay un Dios que gobierna, que sostiene, que consuela.

En mi experiencia personal, he comprobado que no hay nada que aquiete más mi alma que un momento a solas con Dios, envuelta en adoración. En esos instantes, todo lo demás se silencia. Los pensamientos dejan de correr, las emociones se aquietan, y el corazón vuelve a su centro. La adoración me devuelve la paz porque me devuelve a mi propósito: estar con Él.

La adoración como terapia de descanso

En psicología, hablamos de la importancia de regular el sistema nervioso, de encontrar espacios de autocuidado, de reconectar con uno mismo. La adoración cumple todas esas funciones. Es una forma de meditación activa. Es un acto consciente que permite reconectar con lo esencial.

Muchos estudios respaldan el impacto de la espiritualidad en la salud mental, y dentro de ella, la adoración es uno de los pilares más poderosos. Investigaciones recientes han mostrado que la espiritualidad puede disminuir síntomas de depresión y ansiedad,[1] lo que refuerza la idea de que cantar, orar, contemplar... son acciones que activan zonas del cerebro asociadas al placer, la calma, la esperanza y la resiliencia. Desde esta mirada integradora, la adoración también es salud.

Una invitación a buscar la paz desde lo alto

Este capítulo no es solo una reflexión. Es una invitación: ¿cuándo fue la última vez que te detuviste a adorar en medio de tus luchas? ¿Cuándo permitiste que la paz de Dios, no la del mundo, llenara tus espacios internos?

Puedes estar en tu habitación, en un rincón del trabajo, en medio del tráfico. No necesitas un lugar perfecto, solo un corazón dispuesto. Porque cuando adoras, no solo expresas tu amor a Dios. También te das permiso para descansar en sus brazos.

La adoración es más que un canto. Es una postura del alma. Y en esa postura, la paz no es una meta lejana, es un regalo presente.

---

1.   Quintero Núñez, H. B., & Cano García, M. (2020). *Religiosidad, espiritualidad y salud mental.* Editorial UNAC.

Adorar en medio de la tormenta no elimina el dolor, pero lo transforma.

Desde El Alma... Con Claudia Patricia

Estaba pasando por unos de esos momentos turbulentos en mi vida, de esos que nos dejan sin fuerzas y sin aliento. Oh, pero nadie puede imaginar lo que sentí cuando uno de mis sobrinos me envió un mensaje que decía: "querida tía Claudia, espero que el escuchar esta canción, te haga recordar que tú no estás sola" Leerlo solamente, me emociono, y abrirlo y escuchar la canción aún más, el Himno de Victoria penetro hasta lo más profundo de mi ser, lo escuche y lo cante una y otra vez, tanto que mis hijos y mi esposo, se unieron al coro, y que emoción tan grande al escuchar a toda la familia en pleno, adorando a Dios. Ah, y qué decir cuando de mi hija escuché, !Mami, ¡esta canción es poderosa!, Sí, sí que lo es mi amor, Amen, le respondí. Hoy, no solo mi familia lo canta, también recibo mensajes como estos de mi amiga Diomis: "Mi Claudina, bella aquí escuchando el Himno de Victoria y acordándome de ti"

Hoy lo he compartido tantísimas veces, convencida de que estas letras se han convertido para muchos, en la medicina para su alma, y en un verdadero Himno de Victoria.

El Poder Del Agradecimiento Como Adoración

* * *

"La gratitud es un acto de adoración que sana, fortalece y transforma el corazón."

Capítulo 9
El Poder Del Agradecimiento Como Adoración

Gratitud como acto sanador, ejercicios de adoración a través del dar gracias.

La gratitud tiene un poder transformador. No es solo una emoción agradable ni una expresión de buenos modales; es una fuerza espiritual que renueva la mente y el corazón.

Vivir agradecidos es un acto profundo de adoración. Es mirar al cielo y reconocer que todo lo bueno, incluso lo pequeño, proviene de Dios. Agradecer es rendirse con confianza, es declarar con el alma que Dios ha sido bueno. Es, en sí misma, una de las formas más puras de alabanza.

La gratitud como medicina emocional

Desde la **psicología positiva**, propuesta y desarrollada inicialmente por **Martin Seligman**, se ha estudiado ampliamente cómo el agradecimiento mejora el bienestar mental y emocional. Esta corriente se enfoca en potenciar las fortalezas, virtudes y emociones positivas para promover una vida plena y significativa, en lugar de centrarse únicamente en lo negativo o problemas.

Diversas investigaciones han demostrado que practicar la gratitud reduce los niveles de estrés, mejora la calidad del sueño, fortalece los vínculos interpersonales y, en muchos casos, disminuye síntomas de depresión y ansiedad. Además, activa circuitos cerebrales asociados a la **dopamina** y la **serotonina**, neurotransmisores vinculados con la sensación de bienestar y satisfacción.

Pero más allá de la evidencia científica, la gratitud es también una **actitud espiritual**. Es detenerse para reconocer la provisión de Dios, incluso en medio de la dificultad. Es decir, como lo hizo Job:

> "Jehová dio, y Jehová quitó; sea el nombre de Jehová bendito." (*Job 1:21*)

Agradecer es adorar

A menudo creemos que la adoración solo ocurre cuando cantamos o cuando estamos en un servicio espiritual. Sin embargo, **agradecer también es adorar**.

Es una manera sencilla y poderosa de reconocer el carácter bueno y fiel de Dios.

En los Salmos, David agradece constantemente, incluso antes de ver la respuesta a sus oraciones. Su gratitud no depende de lo que ve, sino de a quién conoce:

> "Te alabaré con todo mi corazón; delante de los dioses te cantaré salmos." (*Salmo 138:1*)

Cuando agradeces, declaras que Dios es digno, no solo por lo que hace, sino por **quién es.** Cada "gracias" que pronuncias es una corona que colocas a los pies del Rey. Y cuando lo haces, algo dentro de ti también se transforma.

Agradecer en medio de la dificultad

Hay una gratitud que surge de lo evidente, cuando todo va bien y las bendiciones son visibles, y otra más valiente: **la gratitud en medio de la adversidad**. Esa que se levanta desde el dolor y dice: *"Aun así, yo confío"*.

Como declaró el profeta Habacuc:

> "*Con todo, yo me alegraré en Jehová.*" (*Habacuc 3:18*)

Esa adoración que nace del quebranto asciende con un aroma especial ante Dios.

Pablo escribió a los Tesalonicenses:

> "*Dad gracias en todo, porque esta es la voluntad de Dios para con vosotros en Cristo Jesús.*" (*1 Tesalonicenses 5:18*)

No se trata de dar gracias **por todo**, sino **en todo**. Es un acto intencional de fe, un recordatorio al alma de que incluso en el valle, siempre hay algo que agradecer.

Ejercicios de gratitud como adoración

Aquí te comparto algunos ejercicios prácticos para cultivar la gratitud como una forma de adoración cotidiana:

- **El diario de gratitud**: Al final del día, escribe tres cosas por las cuales puedas dar gracias. No tienen que ser grandes; pueden ser tan simples como una conversación amable, una taza de café o un instante de paz. Agradecer lo cotidiano entrena el corazón para reconocer el bien incluso en la rutina.
- **Oración de agradecimiento:** Dedica unos minutos al día solo para agradecer. No pidas nada, simplemente da gracias. Verás cómo tu perspectiva comienza a cambiar. Puedes usar un salmo como guía (por ejemplo, el Salmo 103) y personalizarlo con tus propias palabras.
- **Dar gracias en comunidad**: Comparte con alguien aquello por lo que estás agradecida. Escuchar y compartir gratitud fortalece vínculos de ánimo y esperanza. Puedes hacerlo en casa, con amigos o en tu comunidad de fe.
- **Actos concretos de gratitud**: Agradecer también puede ser práctico: escribir una nota, ofrecer ayuda o dar un abrazo. Cada gesto amoroso puede convertirse en una forma de decirle a Dios: *"Gracias, porque Tú me diste primero."*

En mi vida cotidiana

En mi caminar personal, he comprobado que **agradecer ha sido una tabla de salvación emocional**.

A veces, cuando todo parece en desorden, solo decir en voz alta *"gracias, Dios"* me devuelve al presente, me reconecta con lo eterno y me recuerda que no estoy sola. El agradecimiento tiene el poder de romper el ciclo de la queja y abrir espacio a la adoración genuina.

Por tanto, la gratitud es mucho más que una emoción positiva: es una **disciplina del alma**, una práctica espiritual y una forma concreta de adoración. Cuando aprendemos a agradecer incluso en medio de la incertidumbre, descubrimos una paz nueva, una mirada diferente y una fe fortalecida.

Como diría el salmista:

> *"Entrad por sus puertas con acción de gracias, por sus atrios con alabanza; alabadle, bendecid su nombre." Salmo* 100:4

Agradecer es la llave que abre las puertas de la presencia de Dios. Que nunca dejemos de usarla.

* * *

Desde El Alma... Con Claudia Patricia

Recuerdo aquellas palabras del neurocirujano como si fuera ayer: "Una silla de ruedas espera por ti."

Por un instante, sentí que mi vida se partía en dos. Hoy puedo decir, con todo mi corazón: **sigo de pie.** No porque el dolor haya desaparecido, ni porque los desafíos hayan sido menores, sino porque aprendí a entregar mis miedos a Dios, a abrir mi corazón en oración y adoración, y a descubrir que la **gratitud puede iluminar hasta los días más oscuros.**

Cada "gracias" que surge en medio de la tormenta me devuelve la fuerza para avanzar. Cada momento de rendición y adoración me enseña que incluso en la sombra hay luz, y que, por fuertes que sean los vientos, nada me derribará. Por eso aquí me verán, tomado de la mano de mi Dios, y siempre firme como el junco, que se mueve, pero siempre sigue en pie. **¡Amén!**

Parte Cuatro

Camina, Ora, Adora Y Sana

"Caminar con el corazón abierto, orar con sinceridad y adorar con gratitud es un camino hacia la sanación completa. Esta parte nos invita a integrar la oración y la adoración en la vida diaria, a encontrar fuerza en la rutina espiritual y a permitir que Dios transforme cada herida en aprendizaje y esperanza. Descubriremos cómo pequeños actos de fe y devoción pueden renovar nuestras emociones, calmar nuestra mente y sostener nuestro espíritu en cualquier circunstancia."

El Alma Necesita Rutina: Orar Todos Los Días, No Solo Cuando Duele

* * *

"La constancia en la oración transforma la vida;
No esperes al dolor para abrir tu corazón."

Capítulo 10
El Alma Necesita Rutina: Orar Todos Los Días, No Solo Cuando Duele

Cómo crear una vida de oración y adoración constante: La disciplina espiritual como autocuidado.

Una vida espiritual sólida no se construye solo con momentos intensos de fe o con súplicas desesperadas en tiempos de crisis. Así como el cuerpo necesita alimento diario y descanso regular, el alma también clama por consistencia. Esta necesita espacios, tiempos y gestos cotidianos que la sostengan y la alineen con la verdad de Dios. Por eso, orar todos los días no es solo una práctica de fe: es un acto de amor hacia uno mismo. Es salud emocional, mental y espiritual.

Orar siempre, no solo cuando hay dolor

La oración no debería ser nuestro último recurso, sino nuestra primera respuesta. No está reservada para las tragedias ni para cuando ya no sabemos qué hacer. La oración es un diálogo continuo, una relación viva.

Jesús mismo se retiraba con frecuencia a lugares solitarios para orar (Lucas 5:16), no porque estuviera en crisis, sino porque la oración era parte de su rutina, su forma de permanecer conectado con el Padre.

Al igual que cualquier hábito saludable, cuanto más se practica, más natural se vuelve. Con el tiempo, la oración deja de ser una actividad más en la agenda para convertirse en un estilo de vida: oramos mientras caminamos, trabajamos, cocinamos o descansamos. No siempre con palabras, pero sí con conciencia de la presencia de Dios.

Rutina espiritual como autocuidado

Hablar de disciplina espiritual puede parecer rígido, pero en realidad es profundamente liberador. Tener un tiempo establecido para la oración y la adoración no es una obligación impuesta; es un regalo que nos damos, un espacio para reencontrarnos con lo eterno, para recargar el alma y sanar desde dentro.

La rutina espiritual nos ancla. Nos sostiene en los días buenos y nos contiene en los días malos. Es como el café que muchos no pueden dejar de tomar cada mañana: algo tan necesario que sin ello el día no comienza bien.

Así es la oración cuando se convierte en hábito: una necesidad que nutre.

Crear una rutina de oración puede ser tan simple como:

- Apartar un momento fijo del día (mañana o noche) para estar a solas con Dios.
- Tener un espacio especial en casa donde te sientas en paz.
- Usar un devocional, un salmo o un texto bíblico como punto de partida.
- Comenzar con unos minutos de silencio y respiración consciente.
- Hacer un listado de agradecimientos o necesidades que quieras presentar.

Espiritualidad y salud mental: una conexión directa

La psicología ha demostrado cómo los hábitos y la rutina impactan en la salud emocional. Tener una estructura diaria reduce el estrés, mejora el estado de ánimo y aporta sentido a la vida.

Cuando esa estructura incluye prácticas como la oración, la lectura bíblica o la adoración, el efecto se multiplica.

Estudios en adultos durante situaciones de aislamiento social han encontrado que las rutinas constantes de cuidado personal están asociadas con menores niveles de ansiedad, depresión y estrés emocional.

Las disciplinas espirituales como la meditación, el silencio, la alabanza o la lectura bíblica también funcionan como formas de autocuidado. Nos enseñan a detenernos, a escuchar, a reconocer nuestras emociones y a dejarlas en manos de Dios. Nos entrenan para no vivir a merced del caos exterior.

Es importante recordar que no todos los días sentiremos un "fuego" especial al orar. Habrá días en que la oración será seca, monótona o parecerá que no pasa nada. Y, sin embargo, son esos días los que fortalecen la fe.

Porque orar en la rutina, sin depender de las emociones, nos enseña que no buscamos a Dios por lo que sentimos, sino por quien Él es.

Como en cualquier relación profunda, la constancia vale más que la intensidad momentánea. Dios se encuentra también en lo cotidiano, en lo simple, en lo silencioso.

Y a medida que cultivamos esa relación diaria, descubrimos que nuestra alma se vuelve más estable, más fuerte y más en paz.

Desde El Alma... Con Claudia Patricia

En mi propia vida, la rutina de la oración diaria ha sido un ancla y un refugio. No puedo decir que siempre ha sido fácil, pero sí puedo asegurar que siempre ha valido la pena.

¿Y saben por qué? Porque cuando no he podido levantar mis manos, sé que han sido muchos los que las han levantado por mí. ¡Amén! Es maravilloso esos días en que orar es como respirar: necesario, natural y vital.

En casa, orar no es un acto reservado para los momentos difíciles; es una práctica viva, compartida y necesaria. Es parte del ritmo del hogar, de mi identidad como mujer de fe.

Es orar en acción de agradecimiento por el nuevo día, dar gracias por la comida que se sirve en la mesa, pedir la protección de Dios al salir y al entrar de casa, invitarlo a nuestros planes familiares, acercarnos a Él cuando estamos cansados o enfermos.

Es orar por nuestros hijos, por la familia entera, por los amigos y vecinos, y terminar el día dando gracias por la multitud de bendiciones recibidas.

El alma necesita rutina. Y no una rutina vacía, sino una llena de propósito y conexión divina. Orar todos los días no nos hace "más espirituales" en el sentido religioso de la palabra, pero sí nos hace más conscientes, más sensibles a la voz de Dios, más preparados para enfrentar la vida con fe, paz y amor. Crear una vida de oración y adoración constante es, en última instancia, una forma poderosa de sanar.

Porque, cuando el alma encuentra ese espacio diario con Dios, se fortalece, se ordena y se renueva.

Y para ti, querido Lector, ¿qué es la oración?

Terapia Del Cielo: Cuando Lo Espiritual Y Lo Emocional Se Abrazan

* * *

"Integrar fe y psicoterapia es permitir que Dios y la ciencia caminen juntos en tu sanación."

Capítulo 11
Terapia Del Cielo: Cuando Lo Espiritual Y Lo Emocional Se Abrazan

En este capítulo nos adentramos en un terreno profundamente humano y digno de respeto: la integración entre la psicoterapia y la fe. Lejos de ser caminos opuestos, ciencia y espiritualidad pueden dialogar, encontrarse y complementarse, porque el ser humano no es solo cuerpo y mente... también es alma.

Cuando, como profesional, se hace necesario remitir a un usuario a un equipo interdisciplinario donde convergen distintas áreas del saber, a menudo me pregunto: *¿y por qué no considerar la espiritualidad como parte de ese abordaje integral?*

Así como la medicina, la psicología o la psiquiatría aportan desde su campo, la espiritualidad también puede asumirse como una disciplina que entrena el alma. No se trata de imponer creencias, sino de reconocer que la oración, la adoración y la lectura bíblica producen efectos reales en la salud emocional y mental.

Ver la espiritualidad como disciplina implica reconocerla como un camino de entrenamiento interior, una práctica constante que cultiva la esperanza, la resiliencia y la paz. En este sentido, investigaciones recientes muestran que integrar la dimensión espiritual en psicoterapia mejora el bienestar psicológico, siempre que se haga con respeto, sensibilidad y apertura.

El acompañamiento que abraza el todo

Cada vez más profesionales de la salud mental reconocen la necesidad de un enfoque integral. **La psicoterapia moderna, cuando se abre a la dimensión espiritual del paciente, se enriquece.**

Y la oración, cuando se integra con acompañamiento profesional, se convierte en una aliada poderosa en los procesos de transformación personal.

No se trata de elegir entre un psicólogo o un líder religioso, sino de **permitirse ser acompañado por ambas**: por quienes fortalecen la mente y por quienes acompañan el alma. Así se logra un proceso que ordena los pensamientos, sana las emociones y reconecta con la voz de Dios.

Psicología con fe: una fórmula completa

Diversos enfoques psicológicos contemporáneos como la **Terapia Cognitivo-Conductual (TCC)**, la **Terapia Sistémica** y la **Terapia Humanista** han demostrado su eficacia en el abordaje de los problemas emocionales, conductuales y relacionales. Según el *Manual de tratamientos psicológicos* (Fonseca, 2021), cada una de estas corrientes ofrece modelos de intervención basados en la evidencia que buscan promover la autorregulación emocional, la reestructuración cognitiva y la mejora del funcionamiento interpersonal.

Sin embargo, en la práctica clínica se ha observado que el ser humano no puede reducirse a una estructura puramente psíquica o biológica. Fonseca enfatiza la importancia de considerar el **contexto personal y existencial** del individuo, lo que abre la puerta a integrar elementos de **espiritualidad y fe** como recursos terapéuticos legítimos.[1]

La oración, la adoración y la confianza en Dios pueden ser grandes aliadas dentro del proceso terapéutico siempre que el paciente lo desee y se sienta identificado. Lo psicológico y lo espiritual no se excluyen, se **enriquecen mutuamente**.

Es aquí donde nace lo que se llamaría **"terapia del cielo"**: un encuentro donde lo emocional y lo espiritual se abrazan para restaurar al ser humano de manera integral.

Hebreos 11:1 nos recuerda:

> *"Es, pues, la fe la certeza de lo que se espera, la convicción de lo que no se ve."*

Esa certeza sostiene a muchos pacientes cuando las palabras no bastan, cuando los diagnósticos pesan y cuando la vida parece oscurecerse.

---

1. Fonseca, E. (2021). *Manual de tratamientos psicológicos*. Madrid: Editorial Pirámide.

Un terapeuta, y Dios que nunca nos suelta

He acompañado procesos en los que el avance terapéutico era lento... hasta que se abrió la puerta a la fe y a la oración.

Y otras veces he visto cómo la oración sostenía, pero se necesitaba la terapia para ordenar el caos interior. Ambos caminos **se necesitan y se potencian**.

Recuerdo aquel joven que me confesó que no quería acudir a un psicólogo porque no se sentía cómodo contando su intimidad a un desconocido. Esa experiencia me recordó que la oración puede ser un refugio seguro, pero también me enseñó que **integrar lo espiritual en la psicoterapia abre caminos insospechados de sanación**.

Cuando un creyente llega a consulta y encuentra un profesional que respeta su fe, se siente comprendido.

Y cuando un terapeuta acompaña el alma sin excluir lo espiritual, brinda una atención verdaderamente integral, obviamente, siempre será el usuario, quien marcará la pauta a seguir.

$$* \; * \; *$$

Desde El Alma... Con Claudia Patricia

No puedo describir lo que siento cuando, en medio de una sesión, un usuario me pide que ore por él. En ese instante, todo se detiene, y lo que parecía ser solo un encuentro terapéutico se convierte en un espacio sagrado.

Hay quienes llegan a consulta porque saben que soy cristiana, y buscan no solo una psicóloga, sino alguien que entienda su fe. Yo, en silencio, me maravillo de cómo Dios abre puertas y me permite acompañar desde lo humano, pero también desde lo espiritual.

Cuando veo a una persona despedirse con paz en su rostro, con esperanza en sus ojos, sé que eso no vino de mí. Sé que fue Dios, que se hizo presente en medio de nuestra conversación.

Y entonces, con el corazón conmovido, me quedo a solas y susurro una oración: **"Gracias, Señor, porque me usas como instrumento. A Ti, sea toda la Gloria." ¡Amén!**

Y ¿Por qué orar?

* * *

*"Orar es el suspiro del alma que
ha comprendido que solo en Dios
encuentra su verdadera paz."*

Capítulo 12
Y ¿Por Qué Orar?

¿Por qué recurrir a la oración?

Porque la oración es el puente que une lo humano con lo divino. En ella dejamos de luchar solos y permitimos que Dios tome el control. Cuando oramos, reconocemos que no tenemos todas las respuestas, pero sí un Padre que las conoce todas.

"Clama a mí, y yo te responderé, y te enseñaré cosas grandes y ocultas que tú no conoces." Jeremías 33:3

¿Qué se puede encontrar en la oración?

Paz cuando hay tormenta, dirección cuando hay confusión, consuelo cuando el alma duele. La oración no siempre cambia las circunstancias, pero sí transforma el corazón de quien ora.

"Por nada estéis afanosos, sino sean conocidas vuestras

peticiones delante de Dios en toda oración y ruego, con acción de gracias. Y la paz de Dios, que sobrepasa todo entendimiento, guardará vuestros corazones y vuestros pensamientos en Cristo Jesús." Filipenses 4:6-7

¿Qué beneficios encuentras en la oración?

A través de la oración se fortalecen la fe y la esperanza. Nos ayuda a sanar heridas, a perdonar, a dejar ir, y a recordar que no estamos solos. La oración nos devuelve la vida interior que a veces el dolor apaga.

"La oración eficaz del justo puede mucho." Santiago 5:16

¿Qué sucede cuando oras con el corazón?

Sucede lo imposible. Lo invisible empieza a moverse. Dios actúa en silencio, pero con poder. La oración sincera abre puertas que el miedo había cerrado.

"Y todo lo que pidiereis en oración, creyendo, lo recibiréis." Mateo 21:22

¿Qué pasa cuando no sabes qué decir?

Aun en el silencio, Dios escucha. Él entiende las lágrimas, los suspiros, y el temblor de un alma cansada. La oración no siempre necesita palabras; basta con abrir el corazón.

"Y de igual manera el Espíritu nos ayuda en nuestra debilidad; pues qué hemos de pedir como conviene, no

lo sabemos, pero el Espíritu mismo intercede por nosotros con gemidos indecibles." Romanos 8:26

¿Por qué la oración sana?

Porque cuando oras, liberas lo que te pesa. En cada conversación con Dios se desatan cadenas de culpa, angustia o miedo. La oración restaura porque nos recuerda que somos amados, escuchados y comprendidos.

"Él sana a los quebrantados de corazón, y venda sus heridas." Salmos 147:3

¿Qué ocurre cuando oras por otros?

Ocurre el milagro de la empatía espiritual. Cuando intercedes, Dios te enseña a amar más allá de ti mismo. La oración por otros, siembra esperanza en corazones que quizá ya no la tienen.

"Orad unos por otros, para que seáis sanados." Santiago 5:16

¿Qué significa orar con fe?

Es hablar con la certeza de que Dios escucha y responde, aunque no sepamos cuándo ni cómo. La fe convierte la oración en un acto de confianza total.

"Así que la fe es por el oír, y el oír, por la palabra de Dios." Romanos 10:17

¿Qué encuentra el alma en la oración?

Encuentra descanso. Encuentra propósito. Encuentra ese abrazo invisible que solo el Espíritu puede dar. La oración calma el alma como el mar se calma ante la voz de Jesús.

> *"Venid a mí todos los que estáis trabajados y cargados, y yo os haré descansar."* Mateo 11:28

¿Y qué pasa después de orar?

Después de orar, la vida no siempre cambia... pero tú sí. Te levantas con nueva fuerza, con la mirada más clara y el corazón más liviano.

> *"Mas los que esperan a Jehová tendrán nuevas fuerzas; levantarán alas como las águilas; correrán, y no se cansarán; caminarán, y no se fatigarán."* Isaías 40:31

Finalmente, la oración no es solo un acto religioso; es un encuentro terapéutico entre el alma y su Creador. En ella se sanan heridas invisibles, se fortalecen vínculos eternos y se despierta la esperanza. Porque orar es, en sí mismo, **creer**.

* * *

Desde El Alma… Con Claudia Patricia

Encontrar respuestas a todas estas preguntas fue, en realidad, haber encontrado la respuesta para quienes me dicen con frecuencia:

"Claudia Patricia, ¿cuál es tu secreto para mantenerte así? Siempre con esa actitud positiva, con una sonrisa a flor de piel y con una fe que parece no quebrarse nunca".

Mi secreto no es un misterio: mi secreto es Dios en mi corazón.

Hace cuarenta y tres años tomé la mejor decisión de mi vida: aceptar a Jesucristo como mi Señor y Salvador. Desde entonces, he aprendido que caminar con Él no significa no tener pruebas, sino tener **paz en medio de ellas**.

Hoy puedo decirte con total convicción que mi vida es más sencilla, más plena y libre porque tengo a Dios como mi aliado. Y por eso, te reto sí, te reto a que creas que **la oración es y será tu mejor terapia**, el refugio donde el alma se sana y el corazón vuelve a encontrar su centro.

Historias Que Testifican: La Oración Como Medicina Real

* * *

*"Cada testimonio es un recordatorio de que
la oración puede cambiar vidas de manera tangible."*

Capítulo 13
Historias Que Testifican, La Oración Como Medicina Real

Este capítulo recoge testimonios reales, contados con el corazón abierto, con fechas, lugares y detalles, porque en los detalles es donde se manifiesta la gracia de Dios. Aquí no hay adornos, hay verdad. Y en esa verdad, se ve a un Dios que sigue respondiendo oraciones.

Testimonio de una madre: La gracia de Dios en la vida de Richard Augusto

Mi Luza, mi hermanita del alma y del corazón, a quien la providencia de Dios ha sostenido. Mujer de fe, y decidida a no dejarse vencer, sino más bien, en medio de las turbulencias, avanzar hacia la meta. Convencida que definitivamente la vida es más fácil, teniendo a Dios en su corazón.

* * *

POR LUZ AMPARO ALVAREZ GAVIRIA

30 de enero de 1987, Medellín, Colombia.

Ese día nació un precioso bebé, concebido por amor y bajo los preceptos de Dios. Lo llamamos **Richard Augusto**. A los dos meses de vida fue presentado en el altar, consagrado al Señor para que lo guardara del mal y afirmara sus pasos en la vida.

Su infancia transcurrió entre juegos y risas. Rodeado del amor de sus padres, su hermanita, sus abuelos y tíos, Richard creció como un niño responsable, dedicado a los estudios y admirado por maestros y compañeros. Desde pequeño mostró una capacidad intelectual sobresaliente y un carácter noble.

Yo, su mamá, me mantenía firme en la fe, entregada a la oración y al servicio de Dios. Muchas veces fui testigo de cómo Él lo libraba de peligros y accidentes. Recuerdo especialmente aquel día en que, con apenas 5 años, su primito lo empujó accidentalmente desde la azotea de un cuarto piso. Lo llevé de urgencias, temblando, pero los médicos quedaron sorprendidos: **no tenía absolutamente nada**. Esa noche, mientras él dormía tranquilo, yo levantaba mis manos al cielo para darle gracias al Señor.

Así fue su niñez: entre juegos, aprendizajes y la certeza de que Dios siempre estaba con nosotros.

10 de noviembre de 2014: La prueba más grande

Esa noche recibí una llamada que partió mi vida en dos. La policía me preguntaba si yo era la madre de Richard: había sido víctima de un atraco y lo encontraron herido en una zona boscosa. Corrí al lugar con mi esposo y mi hija. Allí estaba él, llorando y suplicando: *"Mami, no puedo moverme, ayúdenme, por favor"*.

Fue trasladado de inmediato al hospital. Después de horas de angustia, el diagnóstico fue devastador: **fractura en la médula entre C2 y C3, cuadriplejia irreversible**. Los médicos fueron tajantes: "no hay nada que hacer". Yo los miré con lágrimas, pero con firmeza les respondí: *"Esa es su última palabra, doctor, pero la última palabra la tiene Dios"*.

A partir de ese día comenzó un camino de dolor, desvelos y sacrificios. Richard quedó postrado en cama, con sondas y pañales. Sus sueños se derrumbaron; estudiaba comunicación y periodismo, pero ahora se veía limitado por completo. Yo, como madre, vivía su vida: lo atendía día y noche, lo acompañaba en terapias y diligencias, mientras lidiaba también con mis propias enfermedades crónicas. Había días en que sentía que no podía más. Pero nunca estuve sola: Dios estaba conmigo.

La iglesia, familiares y amigos se unieron en oración. En medio de esa oscuridad, el Señor comenzó a obrar: después de dos meses en silla de ruedas, Richard empezó a dar pasos con bastones. Los médicos no podían creerlo: *"Esto no es posible, usted tiene la médula cercenada"*. Yo les recordé: *"Les dije que Dios tiene la última palabra"*.

Con esfuerzo y fe, Richard volvió a caminar, poco a poco recuperó el uso de sus manos y pudo continuar sus estudios. Aunque quedaron secuelas, pudo emplearse en empresas reconocidas y trabajar con poblaciones vulnerables. Diez años de estabilidad siguieron, siempre con controles médicos, pero con la vida en pie gracias al Señor.

27 de octubre de 2023: Otra sacudida

Justo cuando parecía que todo marchaba bien, otra prueba nos alcanzó. Richard fue atropellado a la salida de su oficina. El golpe fracturó su fémur y requirió cirugía con platinas y tornillos. Al año, cuando retiraron el material, surgió una infección grave que llevó a múltiples complicaciones.

En solo cuatro meses debieron practicarle **cinco cirugías**. Los médicos finalmente diagnosticaron **osteomielitis** y sugirieron amputación: *"Es la única forma de erradicar la bacteria"*. Yo lo miré a los ojos y, con voz firme, respondí: *"Su pierna no se la van a amputar. Dios hará un milagro"*.

La familia, amigos y hermanos en la fe se unieron otra vez en oración. La batalla fue dura: hospitalizaciones, antibióticos, recaídas, noches de dolor. En una de las cirugías, una sobredosis accidental de opioides casi le cuesta la vida. Los médicos corrían sin hallar solución, mientras yo sostenía su mano, secaba su sudor y clamaba a Dios. Y en medio de ese caos, sentí la voz de mi Padre: *"Tranquila, yo estoy aquí contigo"*.

Hoy, después de seis cirugías en esa rodilla, vemos la misericordia del Señor. Richard está en recuperación, con secuelas, sí, pero con vida, esperanza y el mismo corazón resiliente que siempre ha tenido.

Finalmente, este testimonio lo cuento como madre, con las entrañas todavía estremecidas por cada episodio vivido. He visto a mi hijo caer una y otra vez, y he visto cómo Dios lo levanta. He sentido que el suelo desaparecía bajo mis pies, y al mismo tiempo he sentido el abrazo de Dios sosteniéndome.

La oración ha sido nuestro refugio y nuestra fuerza. Quiero que quien lea estas líneas lo recuerde siempre: **no importa cuántas veces caigas, Dios mismo te ayudará a levantarte.**

Confía en sus manos, porque en ellas está la vida, la esperanza y la victoria.

La oración convertida en resiliencia

Mi Richard, mi sobrino, mi constante inspiración, a quien vi que le cortaron sus alas, pero también vi cómo Dios en su amor y en su gracia, le devolvió sus ganas de seguir levantando vuelo. Y hoy más que nunca, cuan ave Fénix, sigue pidiendo pista para avanzar y no dejarse vencer en la partida.

* * *

EL ECO DE LA RESILIENCIA

Por Richard Augusto

Dicen que, desde que uno nace, ya trae consigo toda la historia de su vida escrita. En mi caso, esa historia está llena de accidentes e incidentes que, si bien me han hecho reconfigurar el sentido de mi vida, también me han llevado a cuestionarme el "para qué" de mi existencia.

También me ha enseñado que la fe no se mide cuando todo va bien, sino cuando parece que todo se derrumba. Entre mi infancia y mi adolescencia, fueron muchos los accidentes que tuve, que indudablemente, quedaron registrados para siempre. Pero en mi vida de adulto, he tenido que enfrentar dos momentos que marcaron mi historia, y en ambos descubrí que la oración puede más que cualquier diagnóstico.

En noviembre de 2013, trabajaba en Arauca y había viajado a Medellín para visitar a mi familia. Esa noche, después de compartir con algunos amigos, tomé un taxi hacia casa. Antes de llegar, me bajé para comprar algo, me acerqué a una zona verde donde un desconocido se cruzó en mi camino. En cuestión de segundos, el frío de la noche se mezcló con el filo de un cuchillo que se hundió en mi nuca. Caí al suelo sin poder moverme.

Mientras el hombre me arrastraba y registraba mis bolsillos, yo apenas podía respirar. Sentía la sangre correr y el cuerpo volverse ajeno. Solo podía repetir una frase: "Llévese todo, pero no me haga daño". Pero el agresor no se detenía; me amenazaba con matarme. En ese instante, entendí que ya nada dependía de mí, y cerré los ojos para orar.

Oré con el alma. Le pedí perdón a Dios por mis errores, le entregué mi vida y le rogué que me recibiera si era Su voluntad. En medio de aquella oración, algo sobrenatural sucedió: sentí una presencia detrás de mi cabeza, una paz inmensa que me envolvía. El peso del agresor desapareció de repente. Cuando abrí los ojos, él ya no estaba. Me había dejado tirado, herido, pero vivo.

Aun sin poder moverme, comencé a gritar pidiendo ayuda, hasta que un hombre mayor, que paseaba a su perro, me escuchó. En medio de la oscuridad, él se convirtió en el instrumento que Dios usó para salvarme.

Al lugar empezaron a llegar algunas personas, pero lo único que realmente me devolvió el alma al cuerpo fue ver a mi papá. Aún en ropa de casa, corrió al recibir esa llamada que ningún padre querría tener. Su presencia me calmó. Verlo cuidar que nadie me moviera sin la debida precaución me confirmó, una vez más, que tenía al mejor papá del mundo, un héroe protector.

Mi hermana llegó llorando, pidiendo ayuda a gritos, y a lo lejos alcancé a ver la silueta de mi mamá, paralizada por el impacto. Las madres sienten un dolor que trasciende lo físico; su oración, más que su presencia, fue su manera de sostenerme en ese momento.

Minutos después, las luces de la ambulancia iluminaron los árboles. Fui inmovilizado y trasladado a toda velocidad hacia el hospital. Allí, entre el ruido metálico y el frío de la camilla, perdí el control de mis esfínteres. Los médicos se miraban con preocupación. Escuché que la puñalada en la nuca había comprometido mi médula espinal, y que corría el riesgo de perder funciones vitales.

Me trasladaron al Hospital Universitario. El dolor se hacía insoportable y mi cuerpo, inmóvil, me recordaba que algo muy grave estaba ocurriendo. Grité pidiendo que no me dejaran morir, pero poco después me sedaron. La batalla apenas comenzaba.

Pasé veinte días hospitalizado, los más duros de mi vida. Sentía un dolor indescriptible y apenas podía mover un poco mi mano izquierda. Un día entró el equipo médico, encabezado por el neurocirujano, y con una frialdad que aún recuerdo, me dijo que jamás volvería a caminar. La puñalada había destruido el ochenta por ciento de mi médula espinal. El diagnóstico fue claro: *paraplejia*.

Mi madre, con la firmeza que da la fe, le respondió que ese sería su diagnóstico, pero no el de Dios. El médico, con ironía, le contestó que entonces le pidiera a su Dios que hiciera algo. Y eso fue exactamente lo que hicimos.

Cerré los ojos y mi vida pasó frente a mí: los juegos, los paseos, los bailes, todo lo que pensé que había perdido. No quería seguir viviendo así, pero comprendí que, muchas veces, los dictámenes humanos no tienen la última palabra cuando Dios interviene.

Ya en casa de mi abuelo, seguía postrado, dependiendo completamente de mi familia para todo. Ellos fueron mis manos, mis pies y mi esperanza. Entre turnos, cansancio y desvelos, nunca me dejaron solo. Y aunque algunos amigos desaparecieron, mi familia se mantuvo firme, recordándome que el mayor tesoro que uno puede tener en la vida, después de la fe, es precisamente la familia.

"Dios mío, en el nombre de tu hijo Cristo Jesús, te pido que perdones mis pecados. Te entrego mi alma y corazón. Te reconozco como mi Señor y Salvador y te pido que me permitas estar frente a tu presencia. No quiero una vida así, atado a esta cama y atando mi familia conmigo, permíteme ser libre en tu presencia, Amén". Noche tras noche era mi misma oración, simplemente no quería vivir mi vida así.

Y mientras yo pedía no vivir más, mi mamá, mis tías, los pastores de la familia, y la iglesia donde alguna vez me congregué oraban por un milagro que permitiera mi recuperación. Y saber que todos los demás oraban y pedían por un milagro en mí me fue cambiando el chip y me empecé a creer el cuento de oración con fe. Ya no quería morir, quería tener una recuperación que me permitiera, en algún modo, volver a ser yo mismo.

Y ese milagro llego, un día, mientras veía a Cantinflas, se dio. Mi dedo pulgar del pie se movió, pero no fue involuntario, fue un movimiento mío. Lo empecé a controlar, y fue la seña de que el cable en mi nuca, ese que estaba en cortocircuito y que el comité médico decía que no tenía arreglo ni curación, empezaba a hacer algunas conexiones para volverme a mover. Amen, si, si un milagro palpable, visto por todo el mundo.

Las terapias siguieron. Primero en cama, luego en silla de ruedas, y finalmente, aferrado a las paredes, volví a caminar. Aprendí otra vez a comer, cepillarme, escribir con la mano izquierda, y sostenerme en pie. Los dolores continuaban, pero la esperanza ya no dolía: era fuerza viva en mi cuerpo. La paraplejia quedó escrita solo en los informes médicos. Hoy convivo con una hemiplejia parcial, pero camino, trabajo y vivo. Dios me devolvió no solo el movimiento, sino el propósito.

Desde aquel once de noviembre de 2013, mi relación con Él es mi sustento. No hay día que no hable con Dios. Lo amo y le agradezco cada oportunidad, porque aprendí que cuando la ciencia dice "imposible", el cielo susurra "cree". Y sí, con alegría y verdad puedo decir: soy su niño mimado.

Años después, en 2023, la historia se repitió. Al salir del trabajo, un taxi me atropelló y siguió su camino. El golpe fracturó mi fémur a la altura de la rodilla y requirió una cirugía con tornillos y platina. Por tercera vez, tuve que aprender a caminar.

Durante la recuperación apareció una infección por *Staphylococcus aureus*, que provocó osteomielitis y me llevó a nuevas cirugías. El dolor, la hemiplejia y la hiperalgesia hicieron el proceso aún más difícil. El diagnóstico fue duro: si la infección no cedía, habría riesgo de amputación.

Sin embargo, nunca dejé de orar. En esos momentos, mi conversación con Dios se hizo más intensa, y una vez más, Él respondió en su tiempo perfecto.

Pasé más tiempo hospitalizado que en casa, pero aprendí a valorar esos días junto a mis padres y en contacto con mi tía Claudia, quien siempre ha sido mi aliento, mi impulso y un reflejo del amor de Dios.

Hoy sé que la familia es uno de los mayores regalos de la vida, después del don de vivir mismo. Creo firmemente que la oración ha sido mi terapia más profunda: me sostuvo cuando la medicina callaba y me dio fuerza cuando el cuerpo no respondía.

Gracias a Dios por mi familia, por su fe y por acompañarme en cada paso, incluso en los más dolorosos.

Y es que a veces creemos que la vida nos quiebra, cuando en realidad nos está moldeando. Cada herida fue una guía; cada caída, un comienzo. Dios estuvo y está en cada tramo, y la familia, como abrazo interminable, me sostuvo mientras aprendía a volver a caminar. Este testimonio no es una hazaña personal: es la evidencia de que la fe abre caminos cuando todo parece cerrado.

¡Gracias, Dios!, y ¡Gracias, familia!

* * *

CUANDO LA ORACIÓN LLEGÓ PARA QUEDARSE...

Por Luz Diomedis David Urrego

Mi Diomis, mi compañera de estudio, y amiga del alma, es una mujer de fe, sensibilidad y fortaleza, que ha encontrado en la oración un camino profundo de sanación y encuentro con Dios. Durante su proceso de enfermedad oncológica, descubrió que la conversación con su Padre Celestial se convirtió en su mayor fuente de consuelo, esperanza y amor. Amante de la naturaleza, la pintura y la vida tranquila en el campo, Luz vive rodeada de lo esencial: su familia, sus animales y el silencio que invita a la oración.

La oración llegó a mi vida para quedarse...

A través de su testimonio, comparte la certeza de que la oración no solo transforma el alma, sino que también ilumina la oscuridad del dolor con la luz de la fe y la gratitud. Su historia es un canto a la vida, a la confianza y al poder sanador del amor divino.

Luz Diomedis, es una mujer de profunda fe y sensibilidad que encontró en la oración su camino de sanación y fortaleza. A través de su experiencia de vida, comparte un testimonio de esperanza, gratitud y amor incondicional hacia Dios, recordándonos que la oración puede transformar el dolor en luz y el miedo en paz.

Este testimonio lo quiero dedicar: A Dios, mi Padre amoroso, quien me ha sostenido con su mano firme y su ternura infinita en cada paso de este camino. A mi familia, mis ángeles terrenales, por su amor constante, su paciencia y su oración, quienes me abrazan cada día. Y a todas las personas que atraviesan la enfermedad, para que encuentren en la oración una fuente de luz, esperanza y fortaleza. A Claudia Patricia, mi querida amiga, por invitarme a hacer parte de este hermoso libro y por recordarme, con su amor y su fe, desde la oración que es el puente más hermoso entre el cielo y la tierra.

Todo comenzó un cuatro de octubre del año 2021 recibí una noticia que cambió mi vida: me descubrieron una masa en un riñón, la cual diagnosticaron como un cáncer renal de células claras. Hoy, es un cáncer renal con metástasis en el pulmón en dos ocasiones, y en la columna, en L2, L6 y L7. He tenido tratamientos que me han ayudado, pero también han causado mucho daño a mi cuerpo, además de hospitalizaciones donde he estado a punto de morir.

Ha sido un proceso durísimo para mi familia y para mí, con días y noches de mucho dolor, tristeza e incertidumbre. Una de las grandes dificultades, al inicio, fue el acceso a los servicios de salud.

Cuando me dieron el diagnóstico, el proceso en general fue muy demorado, lo que hizo que la enfermedad progresara.

Me realizaron una nefrectomía del riñón derecho y seis meses después, apareció una metástasis en el pulmón izquierdo. Me dieron la orden para la cirugía, pero la cita con el cirujano se demoró demasiado, lo que implicó que, la metástasis se agravara.

En fin, todo esto para contarles lo maravilloso que vino después. Desesperada y llorando, me senté en mi cama a hablar con mi Padre Santo, algo que casi nunca hacía y le dije:

"Padre mío, perdón por ser tan escéptica ante la oración y la congregación. Pero Tú eres mi Padre, y hoy necesito hablar contigo porque estoy muy triste por mi situación de salud. Tú eres mi Padre, y los padres quieren lo mejor para sus hijos. Por eso creo firmemente que Tú no me mandaste esta enfermedad; pienso que es la vida y son los hábitos poco saludables que he tenido. Bueno, Padrecito, solo te pido con mi corazón que me tomes de tu mano y no me sueltes por nada del mundo. Acompáñame, dame fuerza, valor y coraje para afrontar esta situación, y que todos los profesionales del área de la salud me miren con compasión."

Terminando este diálogo con mi Señor Jesucristo, entró mi esposo a la habitación y me dijo: "Mañana nos vamos directamente a la clínica; puede que nos ayuden". Yo le respondí que sí, aunque no creía que lo hicieran, porque esa cita solo la daban telefónicamente. Al día siguiente llegamos a la clínica y nos atendieron dos mujeres. Lo primero que preguntaron fue si teníamos cita. Mi esposo y yo dijimos que no, y empezamos a llorar. Una de ellas se levantó, nos abrazó y dijo: "Tranquilos, si están aquí es porque Dios les colocó estos dos ángeles para que los ayuden". Nos pidieron sentarnos mientras revisaban mis documentos. Les cuento que salimos con la cita agendada para dos días después con el cirujano. Cuando nos despedimos y dimos las gracias, una de ellas me dijo: "Dios te acompañará, y aquí están estos ángeles para lo que necesites". ¡Esto era un milagro! No lo podía creer. Mi esposo y yo nos abrazamos y lloramos de la emoción. Siento que, en ese momento, cuando dije "gracias, Padre", mi corazón se llenó de Dios y la esperanza volvió a mi ser.

Desde ese día sentía la necesidad de comunicarme de manera frecuente con mi Padre Santo. Esto me daba la seguridad de que todo iba a estar bien. Lo buscaba cuando tenía el dolor que produce el cáncer. Le decía que me acompañara, que solo me abrazara y me acariciara la espalda donde sentía tanto dolor. Lo llamaba para que me consolara cuando la tristeza y la incertidumbre me invadían por lo que vendría y que no sabía cómo sería. Le pedía, en esas noches largas donde no podía dormir, que me arrullara como ese Padre que ama a su hija mimada.

Mi relación con mi Padre se fortaleció tanto que comencé a buscar otras formas de comunicarme con Él. Así encontré la meditación. Me gusta mucho meditar en gratitud y acompañarme con música. Recuerdo que mi amiga Claudia a quien amo con todo mi corazón me envió una canción llamada Himno de Victoria. La escuché y solo lloré de emoción, porque soñaba con estar también al otro lado, cantando ese himno de victoria. A veces ella me llama y me dice: "Voy manejando y cantando a todo pulmón el Himno de Victoria por ti, mi Diomis".

Sumérgeme es otra canción que me gusta mucho. Este tipo de música es, para mí, una conversación hermosa con nuestro Padre, porque en esta oración con Él se encuentra luz en la oscuridad y fortaleza en la debilidad.

Vivo en una finca en una zona rural, y todos los días doy gracias por ello, porque me permite estar en estado contemplativo. Esta sí que es una forma bonita de conversar con mi Padre. Cuando estoy en esa permanente oración, le digo: "Gracias por permitirme ver la hermosura de las flores, por escuchar a los pajaritos y verlos hacer sus casas, por sentir el olor del campo, por recibir el alimento que me prepara mi esposo y poder compartir un poquito con Roco y Mali -mis perritos-. Gracias por las plumas hermosas de Rogelio - mi pavo real-, y por las gallinas cacareando con el gallo cortejándolas. Gracias por dejarme regar y cultivar mis plantas."

Y algo tan sencillo, pero tan importante: susurrarle al oído, "Gracias, Padre, por este día tan hermoso", ya sea que el sol sea radiante, o que el frío y la neblina cubran los árboles. A veces simplemente le digo: "Gracias, Padre, porque hoy tuve agua y fuerzas para bañarme"

Últimamente he encontrado otra forma de conversar con mi Padre: la pintura. Me encanta pintar y hablar con Él. Este momento lo aprovecho para hablar de cosas triviales y continuar dándole gracias por todas las bendiciones que me da cada día, incluso en medio de la adversidad.

El cáncer ha sido ese "regalo mal empacado" que la vida nos da, como lo nombra Lina Inestroza. A mí me ha permitido vivir momentos maravillosos y sentir ese amor puro e incondicional. Por eso no puedo cerrar este escrito sin contarles que todos los días doy gracias a mi Padre Santo por los ángeles que me ha regalado: Mauro, mi esposo, un hombre maravilloso que me ha acompañado y cuidado día y noche con todo su amor, él ha estado en mi vida durante cuarenta años y también me acompaña a orar todos los días. Melissa, mi bella dama, mi confidente, mi compañera, mi niña por siempre. Mateo, mi ángel bello, mi retrato, todo un caballero, quien se ha ocupado de mi salud y ha salvado mi vida varias veces.

A ellos, mi gratitud infinita por llenarme de amor y cuidados. Nunca me he sentido sola, porque tengo a mi Padre Santo y a mi familia, que siempre me acompañan.

Gracias, Padre. Hoy, con toda certeza, puedo decir como lo expresa mi querida amiga Claudia en su libro Créelo: la oración, tu mejor terapia.

Cuando la oración es medicina diaria

Mi amiga-hermana, con quien de corazón he aprendido el verdadero significado de la incondicionalidad, es también el testimonio vivo de cómo Dios abraza aun en los días en que pareciera que todo se derrumba. He caminado tan de cerca a su proceso, que he sido testigo de esos "pequeños milagros" que se volvieron su oxígeno, su impulso, y su razón para seguir creyendo que la oración es su medicina diaria.en la fidelidad incansable de Dios.

* * *

LA ORACIÓN ES MI MEDICINA DIARIA

Por R. H. A.

"La oración siempre ha sido, para mí, ese lugar donde mi alma habla con libertad. Es el reflejo más íntimo de mi interior; allí salen mis pensamientos, mis miedos, mis anhelos y esa sinceridad que solo se revela ante Dios. En la oración no finjo, no explico, no justifico... simplemente soy.

Cuando me diagnosticaron esta condición —esa que ninguna persona quiere escuchar y que cambia la vida de un día para otro— sentí que el mundo se detenía. No sabía cómo procesarlo, cómo aceptarlo ni cómo seguir. Pero fue precisamente ahí, en medio del desconcierto, donde la oración volvió a levantarme.

Muchas veces no sé ni por dónde empezar. Solo me siento delante de Dios y le digo, casi en susurro: "Señor, gracias por este nuevo día". Porque incluso en los días difíciles, incluso en aquellos donde el dolor toca a la puerta, Él sigue regalándome vida, fuerza y propósito.

He vivido momentos en los que he visto pequeños milagros: resultados médicos que cambiaron de forma inesperada, puertas que se abrieron sin explicación lógica, paz donde debería haber angustia. Y es ahí donde veo la mano de Dios.

Dios ha sido fiel conmigo desde muy joven, y la oración siempre ha sido ese hilo que me conecta con su presencia. En este proceso que atravieso, he descubierto que la oración no solo calma... también transforma. Me recuerda que no camino sola, que hay un plan más grande que mi dolor, que Dios camina conmigo incluso cuando mis fuerzas disminuyen.

Y aunque sé que nunca alcanzaré a agradecerle todo lo que hace, procuro hacerlo cada día. Porque hay tanto —pero tanto— que agradecer: las personas que me aman, los instantes de alivio, los milagros que no siempre se ven, pero se sienten, y esa paz que llega, inexplicablemente, justo cuando más la necesito.

La oración es, y seguirá siendo, mi medicina diaria. Mi refugio. Mi fuente de esperanza. Lo que me permite seguir adelante, confiando en que Dios está obrando incluso cuando aún no puedo ver el final del camino.

Y confío —con la fe que todavía me sostiene— que llegará ese día donde, como dice aquella canción que tantas veces me ha dado fuerza, y un día *cantaré el himno de victoria*. Estoy segura, que es la mano de Dios y la oración lo que sigue sosteniendo mi ser.

"Gracias, Claudia, hermana querida, por venir hasta aquí a orar conmigo... esto es un regalo que recibo con mi corazón." (Dos semanas antes de partir a la presencia de Dios).

Cuando la oración es refugio, fuerza y verdad.

Mi amiga de siempre, con quien he aprendido a tejer lazos de amistad que ni la distancia ha podido aflojar.

A quien la oración le enseñó a caminar sin miedo, a aceptar lo que hoy es y a honrar su propia historia. Ella sigue siendo ese recordatorio constante, que la vida no se define por un diagnóstico, sino por la valentía con la que elegimos vivirla.

* * *

LA ORACIÓN HA SIDO MI REFUGIO, MI FUERZA... MI VERDAD.

Por María Antonia

Cuando pienso en los últimos veinticinco años de mi vida, no puedo evitar volver a ese día en que mi mundo se partió en dos. Tenía un diagnóstico entre las manos que parecía una sentencia: **VIH**. Una palabra que cayó como un rayo y dejó tras de sí un silencio espeso, denso, casi irrespirable.

Recuerdo que, apenas salí del consultorio, marqué el número de mi amiga Clapal, a quien también conozco como autora de este libro. No sabía cómo decirlo, pero ella supo escucharme desde el primer segundo. Su voz, firme y amorosa, fue la primera mano tendida en medio de un abismo que yo no sabía cómo atravesar.

Ese gesto —ese oído dispuesto— se convirtió, con el tiempo, en una de las primeras formas de oración que reconozco en mi historia.

Porque la oración no entró en mi vida como una práctica religiosa estructurada, sino como **un refugio**. En medio del miedo, de las certezas derrumbadas y de noches interminables donde la mente se llenaba de interrogantes, la oración fue ese susurro que me decía:

"Quédate. Respira. No estás sola".

A veces tenía forma de palabras; otras, simplemente de un temblor en el pecho que me recordaba que aún había algo dentro de mí que no se apagaba.

Los primeros años fueron una búsqueda. Tenía que reconstruirme y no sabía cómo. Busqué respuestas en caminos diversos: maestros budistas, coaching, constelaciones familiares, reiki, ángeles... Dios desde lo espiritual y no desde el dogma. Cada uno de esos caminos abrió una ventana distinta, pero todos coincidían en un punto: **había que conectar con la vida desde adentro**.

En mi caso, esa conexión tomó forma de oración.

Con el tiempo entendí que orar no era repetir frases ni seguir reglas. Era una conversación íntima con lo invisible, con lo profundo, con aquello que sostiene la vida sin que lo veamos. Era una manera de poner orden en el caos, de escuchar mis propios miedos sin que me destruyeran. A veces era un pensamiento en medio de un día difícil; otras, un llanto convertido en petición. A veces, un silencio que contenía todo.

Y mientras aprendía a habitar ese espacio interior, mi cuerpo también encontraba su camino. Cuando escuché por primera vez la frase **"carga viral indetectable"**, sentí que un nuevo capítulo se abría. No era un punto final, pero sí una posibilidad enorme: la posibilidad de vivir sin que el virus definiera mi relato.

Fue ahí cuando comprendí que mi historia no se trataba de sobrevivir a un diagnóstico, sino de **transformarlo**. Y en esa transformación, la oración fue mi hilo conductor.

La oración me enseñó a confiar. No en un sentido ingenuo, sino profundo: confiar en la vida, aunque doliera; confiar en mi cuerpo, aunque hubiera sido puesto a prueba; confiar en que había algo más grande que mis dudas.

A través de la oración pude darme permiso para sentir miedo, para sentir rabia, para llorar... pero también para agradecer. Agradecí cada examen estable, cada abrazo de mi familia creyente, cada consejo de mis amigos, cada conversación sanadora con Clapal, cada amanecer que me encontraba más fuerte que el anterior.

La espiritualidad que nació en mí a partir del diagnóstico no tuvo fronteras. No fue exclusivamente budista, ni católica, ni mística, aunque tomó algo de cada una. Fue una espiritualidad viva, flexible, amorosa, que entendía a Dios como una presencia cercana y no como un juez.

Yo no tenía que ser perfecta para hablar con Él. Solo tenía que ser honesta. Y esa honestidad fue la que me permitió reconstruirme.

La oración también me hizo más humana. Me enseñó a mirar a los demás con una compasión nueva, a entender que todos tenemos batallas silenciosas. Aprendí a acompañar desde la presencia y no desde la lástima, a poner límites sin culpa, a escuchar sin intentar salvar a nadie. Me abrió el corazón, pero también me fortaleció.

Por supuesto, hubo días difíciles. Días en los que la incertidumbre me mordía por dentro. Días en los que la memoria del diagnóstico regresaba como un eco incómodo. Días en los que me preguntaba por el futuro. Pero incluso entonces, la oración era ese espacio donde podía descansar. No siempre me calmaba de inmediato ni siempre traía respuestas, pero sí me devolvía a mí misma. Y eso, con los años, ha sido suficiente.

Hoy puedo decir que la oración no me "salvó" en un sentido milagroso.

Pero me acompañó.

Me sostuvo.

Me dio estructura cuando todo parecía desmoronarse.

Me enseñó a caminar sin miedo, a aceptar lo que soy, a honrar mi historia. Me recordó que la vida no se define por un diagnóstico, sino por la manera en que elegimos vivirla.

Y si alguien me preguntara qué significa para mí orar, diría esto:

Orar es regresar al centro.

Es reconocer la luz que vive en mí aun cuando afuera hay tormenta.

Es conversar con lo que me sostiene, con ese misterio que no puedo explicar pero que me abraza.

Es confiar en que no estoy sola.

Nunca lo estuve.

La oración ha sido mi refugio, mi fuerza... mi verdad.

Desde El Alma… Con Claudia Patricia

Leer cada uno de estos testimonios ha sido como asomarme al corazón de Dios. En cada historia encontré un destello de Su fidelidad, una caricia de Su presencia, una confirmación de que Él sigue obrando en lo íntimo, en lo secreto y en lo que a veces parece insignificante.

Gracias, mi Dios, por permitirme ser testigo tan cercana de estas vidas que se levantan, que sanan, que vuelven a creer.

Hoy, al quedar plasmadas en estas páginas, sé que no solo serán leídas… serán sentidas.

Tocarán corazones, restaurarán esperanzas, y recordarán a muchos que en la oración siempre —siempre— hay un refugio seguro, un abrazo divino y una respuesta que llega en el tiempo perfecto del cielo.

Psicólogos Y Profesionales En Salud Mental Opinan

* * *

*"La sabiduría combinada de la fe y la experiencia
profesional guía, sostiene y fortalece el alma."*

Capítulo 14
Psicólogos Y Profesionales En Salud Mental Opinan

La sanación humana es un proceso complejo que abarca mente, emociones y espíritu. Desde la psicología moderna sabemos que las personas necesitan herramientas basadas en evidencia; pero también sabemos que muchas encuentran consuelo, fuerza y sentido en su fe. Este capítulo nace justamente de esa integración.

Aquí, distintos profesionales comparten cómo la terapia y la espiritualidad pueden caminar juntas cuando la persona así lo desea. No se trata de reemplazar una por otra, sino de reconocer que la oración, la adoración y la relación con Dios pueden convertirse en recursos emocionales que acompañan los procesos terapéuticos de manera respetuosa y profunda.

Nuestro propósito es simple: ofrecer un espacio donde la ciencia y la fe se encuentren, donde lo técnico se una con lo espiritual, y donde la sanación sea vista en su totalidad. Porque cuando ambas dimensiones se abrazan, el acompañamiento se vuelve más humano, más real y, muchas veces, más transformador.

La oración que sana el alma

Nancy – Psicóloga y Profesional en Desarrollo Familiar

Soy una mujer de mucha fe, sostenida por el amor inagotable de Dios. Como Psicóloga y Profesional en Desarrollo Familiar, alimento mi vida cotidiana y mi práctica con la oración profunda y constante. Sé que, sin la guía del Señor, mis fuerzas no son suficientes.

La oración es poderosa: cuando la practico, me hago fuerte para poder guiar a otros.

De muchas experiencias vividas, recuerdo una muy especial con una mujer mayor que llegó a consulta por primera vez. Durante toda la sesión solo la escuché atentamente.

Al final, bañada en lágrimas por la carga que había llevado durante tantos años, me pidió que orara por ella. Acepté con emoción y, mientras orábamos juntas, sentí cómo Dios comenzaba a sanar su vida de una manera milagrosa.

Ese día comprendí que cuando la fe entra al consultorio, la terapia se convierte en un acto de amor divino.

La oración tiene poder

M. M. – Psicóloga Clínica

Tuve una paciente con un caso familiar muy difícil. Ella y su familia se sentían desolados, perdidos, sin rumbo ante las consecuencias de una situación que los sobrepasaba.

En su desesperación, clamaron y oraron a Jehová con un corazón quebrantado. Dios escuchó su oración. Hoy esa paciente puede dar testimonio de que la oración tiene poder. No solo restauró su entorno familiar, sino también su fe, su esperanza y su visión de vida.

Como profesional, ser testigo de ese proceso me recordó que detrás de cada historia humana hay una historia divina en marcha.

Cuando la oración forma parte de la consulta...

Claudia Patricia Alvarez – P.h. D. Psicología – Trabajadora Comunitaria de la Salud Mental.

Cuando la oración forma parte de la consulta

Claudia Patricia Alvarez – Ph.D. en Psicología – Trabajadora Comunitaria en Salud Mental

A lo largo de mi ejercicio profesional, he acompañado a múltiples usuarios que llegan buscando un consejo, una orientación o un punto de claridad en medio de sus procesos emocionales. Sin embargo, en más ocasiones de las que podría enumerar, he visto cómo una oración —auténtica, consciente y respetuosa— se convierte en el punto de inflexión que redefine la dirección de su camino terapéutico.

He sido testigo de momentos profundamente transformadores, en los que abrir el corazón y reconocer a Dios como guía y sostén ha significado, para muchos, encontrar ese oasis interior que no habían logrado experimentar por otras vías.

Estas vivencias, junto con las experiencias que continúo observando diariamente en el contexto clínico y comunitario, se convirtieron en la inspiración para este libro. Porque, aunque la oración no sustituye la medicina física, sí representa un recurso invaluable que nutre, fortalece y reorganiza el mundo emocional y espiritual de quienes la practican.

La oración no es solo un acto devocional; es una práctica que, integrada de manera ética y respetuosa dentro del acompañamiento profesional, puede convertirse en una herramienta que restaura, centra y da sentido. Y es esa convicción —nacida de la práctica, la evidencia humana y el testimonio vivo— la que me impulsó a escribir estas páginas.

Ciencia y fe: un mismo lenguaje sanador

El neurocientífico Andrew Newberg ha demostrado, a través de estudios con imágenes cerebrales, cómo la oración y la meditación activan zonas asociadas al bienestar, la empatía y la paz interior. [1]

El médico e investigador en salud espiritual Harold G. Koenig ha documentado ampliamente, a través de décadas de estudios, cómo la fe y la oración impactan positivamente la salud física, emocional y mental. Su trabajo muestra que quienes practican la oración de manera regular presentan mejores niveles de bienestar, mayor resiliencia y, en muchos casos, una vida más larga y saludable.[2]

El psicólogo e investigador Kenneth Pargament, junto con Smith, Koenig y Pérez, evidenció que integrar prácticas espirituales dentro de los procesos psicoterapéuticos potencia los resultados clínicos. Su trabajo demuestra que la fe, cuando se incorpora de manera respetuosa y profesional, reduce síntomas depresivos,

---

1.　Newberg, A. *How God Changes Your Brain.* 2010.
2.　Koenig, H. — *Handbook of Religion and Health,* 2012

mejora la adaptación emocional y fortalece de forma significativa la resiliencia.[3]

La psicóloga Kelly McGonigal, reconocida por sus aportes en psicología de la salud, subraya que el sentido de propósito y la conexión con algo más grande que uno mismo fortalecen la mente y el cuerpo ante la adversidad.[4]

El investigador en neurociencia contemplativa, **Richard Davidson**, ha demostrado que la oración y la meditación modifican la estructura cerebral de maneras que favorecen la serenidad, la empatía y la regulación emocional.[5]

La ciencia y la fe, lejos de oponerse, parecen conversar en un mismo lenguaje cuando se trata de sanar el alma humana. Neurocientíficos, psicólogos y expertos en salud espiritual coinciden en que la oración y la meditación despiertan regiones del cerebro asociadas a la paz, la compasión y la fortaleza interior. Y quienes caminamos la senda de la fe sabemos que estos hallazgos no hacen más que confirmar lo que el corazón creyente ha experimentado desde siempre: que, en el silencio de la oración, Dios nos repara; en la adoración, nos sostiene; y en la intimidad espiritual, brota una resiliencia que trasciende lo humano. Así, lo académico ilumina el misterio, y lo espiritual da vida al conocimiento—dos vertientes que, al unirse, revelan una verdad profunda: que somos cuerpo, mente y espíritu, y que cuando estos se abrazan, la sanación se vuelve posible.

Cada uno de estos aportes científicos confirma lo que la fe ya enseña: que el alma humana florece cuando se conecta con su

---

3. Pargament, K.; Smith, B.; Koenig, H.; & Pérez, L. — *Religion and Coping: Theory, Research, and Practice*, 2013
4. *McGonigal, K. — The Upside of Stress*, 2015
5. (*Davidson, R. — The Emotional Life of Your Brain*, 2012.)

Creador. Allí donde la psicología ofrece comprensión, la oración ofrece consuelo; y donde la ciencia explica, la fe ilumina.

Cuando El Dolor También Ora: La Fe Que Me Sostuvo Cuando Mis Fuerzas No Bastaban

***

"La oración no siempre nace de la fe;
a veces brota del dolor que ya no sabe a dónde ir."

Capítulo 15
Cuando El Dolor También Ora: La Fe Que Me Sostuvo Cuando Mis Fuerzas No Bastaban

Hay capítulos que no se escriben con tinta. Se escriben con respiraciones entrecortadas, con madrugadas que no avisan, con un cuerpo adolorido que no entiende qué está pasando... pero con un alma aferrada a una certeza que no se negocia: **Dios está aquí.**

Este capítulo nació en esos días que más me costó existir...cuando hasta respirar dolía, cuando cada movimiento era una batalla interna, cuando la impotencia se mezclaba con el miedo y el futuro parecía una habitación oscura sin puertas.

Pero también nació allí mismo, en medio de esa fragilidad absoluta, cuando pude sentir la fuerza de un Dios que se sienta a tu lado y te susurra con ternura: **"No estás sola... Yo camino contigo."**

Sí... en estas semanas me derrumbé muchas veces. El dolor me estremeció, la incertidumbre me ahogó, la desesperanza me rozó la piel. Pero la gracia... la gracia nunca me soltó. Y cada noche, cuando el insomnio me arrebataba el descanso, la oración llegaba como una medicina líquida que se derramaba sobre mi alma: suave, constante, silenciosa, sanadora.

Hubo momentos en que pensé: **"Si yo no tuviera a Dios en mi corazón, no sé qué haría..."** Y era verdad.

Porque fue Él quien me sostuvo cuando mi cuerpo no pudo. Fue Él quien me abrazó cuando mis lágrimas caían sin permiso. Fue Él quien me mantuvo de pie cuando emocionalmente ya no tenía cómo sostenerme. Este capítulo no es una reflexión... es un testimonio. No es teoría... es piel. No es un cierre... es una herida que habló y fue escuchada.

Y quiero dejarte esta verdad: La oración no siempre quita el dolor...pero siempre te quita el abandono. La oración no siempre sana de inmediato...pero siempre sana por dentro. La oración no siempre cambia las circunstancias...pero siempre cambia tu postura frente a ellas.

Porque Dios no solo escucha lo que dices. Dios escucha tus gemidos. Escucha tus lágrimas. Escucha el silencio que tiembla. Y los recibe como oración perfecta.

Este capítulo es para ti, que lees, y que tal vez también has orado entre dolores, entre noches largas, entre diagnósticos que no llegan o respuestas que tardan.

Es para recordarte que la fe no es ausencia de dolor...es **presencia de Dios en medio del dolor**. Y al final de todo... cuando ya no pude más, descubrí que Él seguía pudiendo en mí.

Porque fue Él quien me sostuvo cuando mi cuerpo ya no respondía. Fue Él quien me abrazó cuando mis lágrimas aparecían sin pedir permiso. Fue Él quien me mantuvo de pie cuando mis fuerzas emocionales se habían agotado.

Y lo sigo creyendo —desde lo más profundo de mí—: **Fue Él. Es Él. Y seguirá siendo Él... quien caminará conmigo por el resto de mi existencia.**

Porque donde yo ya no pude... Dios sí pudo. Y donde temí caer... **Él me levantó. Por eso, así de pie, y con una voz firme te lo digo: Créelo, la oración es tu mejor terapia.**

Conclusión
Créelo, Dios
Cuida Tu Alma

A lo largo de este viaje, hemos explorado el profundo vínculo entre la psicología, la espiritualidad y el poder transformador de la oración y la adoración. Como profesional en salud mental, he tenido la oportunidad de acompañar a muchas personas en sus procesos de sanación emocional, entendiendo que, aunque las herramientas científicas son esenciales, el alma humana también necesita algo más profundo y trascendental: la conexión con lo divino.

Lo que la ciencia y la psicología modernas han descubierto sobre el bienestar emocional y la sanación mental, es que los seres humanos no somos solo mentes que procesan información, sino cuerpos y almas que necesitan ser nutridos a nivel integral. Las investigaciones han demostrado que prácticas como la oración, la adoración y la gratitud pueden tener efectos curativos profundos en nuestra psique, no solo como respuestas emocionales, sino también fisiológicas. La espiritualidad, lejos de ser un concepto ajeno a la salud mental, se presenta como una aliada que ayuda a restaurar el equilibrio emocional y psicológico.

En este libro, hemos integrado los enfoques terapéuticos convencionales con la visión cristiana del cuidado del alma, enfatizando que la fe no es una oposición a la terapia, sino un complemento que puede potenciar la sanación profunda. En mi experiencia personal y profesional, he comprobado que cuando integramos ambos elementos, es cuando realmente vemos la transformación que tanto buscamos. La oración y la adoración no son solo rituales; son actitudes del corazón que nos permiten entrar en contacto con la fuente última de nuestra sanación: Dios.

Es mi firme creencia que, como seres creados a imagen de un Dios amoroso y sanador, tenemos acceso a una terapia que va más allá de las limitaciones humanas. Y esa terapia se encuentra en la intimidad con Él. En la quietud de la oración, en el poder de la adoración, y en la práctica de la gratitud, podemos encontrar la paz, la restauración y la sanación que tanto necesitamos.

La invitación final para ti, lector, es a no solo leer estas palabras, sino a vivirlas. A comprometerte con un proceso continuo de oración, adoración y sanación que te conecte con lo divino, pero que también te permita cuidar de tu salud emocional, mental y espiritual de manera integral. Recuerda que, al igual que Hebreos 11:1 nos recuerda, "la fe es la certeza de lo que se espera, la convicción de lo que no se ve", también Dios por medio de la ciencia, nos muestra su poder sanador.

Te invito a caminar, orar, adorar y sanar, y Créelo: La Oración, tu mejor terapia.

Sobre La Autora

Claudia Patricia Álvarez Gaviria, PhD (Psicología–Sexología)

Claudia Patricia Alvarez Gaviria, Doctora en Psicología-Sexología, es escritora, conferencista internacional y terapeuta cristiana. Ha dedicado su vida a integrar la fe y la ciencia, demostrando cómo la oración, la adoración y la Palabra de Dios pueden convertirse en partes esenciales de un proceso terapéutico y restaurador.

Su experiencia profesional y su trayectoria personal de resiliencia —tras sufrir una lesión medular y un divorcio que la llevaron a depender completamente de Dios— inspiraron su misión de acompañar a otros en su camino hacia la sanación integral.

Autora de Benditas Sábanas Blancas, obra que posteriormente se convirtió en su tesis doctoral, Claudia continúa impactando con su tercer libro, Créelo, la Oración, Tu Mejor Terapia, una propuesta donde la psicología y la espiritualidad se unen para restaurar la esperanza y el equilibrio del alma.

Sus libros han sido traducidos al español y al portugués, y su mensaje ha trascendido fronteras, llegando a corazones que buscan paz, propósito y bienestar emocional.

Referencias

Biblia. (1960). *Reina-Valera 1960.*
(*En APA se coloca así, como obra clásica y sin autor.*)

Davidson, R. (2012). *The Emotional Life of Your Brain.*

Fonseca Pedrero, E. (Ed.). (2022). *Manual de tratamientos psicológicos: Adultos / Infancia y adolescencia.* Editorial Pirámide.

González, J., & López, V. (2019). *Espiritualidad y psicoterapia: Una integración posible.* Editorial Desclée de Brouwer.

Koenig, H. (2012). *Handbook of Religion and Health.*

McGonigal, K. (2015). *The Upside of Stress.*

Newberg, A. (2010). *How God Changes Your Brain.*

Pargament, K., Smith, B., Koenig, H., & Pérez, L. (2013). *Religion and Coping: Theory, Research, and Practice.*

Quiceno, J. M., & Vinaccia, S. (2009). La salud en el marco de la psicología de la religión y la espiritualidad. *Diversitas,* 5(2), 321–336. https://doi.org/10.15332/s1794-9998.2009.0002.08

Quintero Núñez, H. B., & Cano García, M. (2020). *Religiosidad, espiritualidad y salud mental.* Editorial UNAC.

Robles, R. F. G. (2019). Psicología positiva y gratitud: efectos en la salud mental. *Revista Mexicana de Psicología,* 36(1), 45–60.

Rodríguez-Santamaría, Y., Zaldívar-Basurto, F., Pérez-Reyes, J., & Hernández-Arámburo, M. (2022). Rutinas de salud y síntomas emocionales en adultos durante el aislamiento social. *Acta Universitaria,* 32(e3251), 1–14. https://doi.org/10.15174/au.2022.3251

Seligman, M. E. P. (2002). *Authentic Happiness: Using the New Positive Psychology to Realize Your Potential for Lasting Fulfillment.* Free Press.

Vázquez, C., & Hervás, G. (2013). *Psicología positiva aplicada.* Ediciones Pirámide.